कोई और रास्ता

तथा

अन्तराल

(दो नाटक)

कोई और रास्ता
तथा
अन्तराल

(दो नाटक)

प्रताप सहगल

वाणी प्रकाशन

प्रकाशन के उत्कृष्टतम 63 वर्ष

vaniprakashan.com

पेपरबैक पहला संस्करण : 2026

वाणी प्रकाशन

4695, 21-ए, दरियागंज, नयी दिल्ली-110 002

फ़ोन : + 91 11 23273167, 23275710

शाखाएँ

अशोक राजपथ, पटना-800 004, बिहार

कॉफ़ी हाउस कैम्पस, महात्मा गांधी मार्ग, प्रयागराज-211 001, उत्तर प्रदेश

महात्मा गांधी अन्तरराष्ट्रीय हिन्दी विश्वविद्यालय, वर्धा-442 001, महाराष्ट्र

sales@vaniprakashan.in
vaniprakashan@gmail.com

Koi Aur Rasta Tatha Antral
by Pratap Sehgal

ISBN : 978-93-7112-685-4
Play

मूल्य : ₹ 225

आर. टेक ऑफ़सेट, दिल्ली-110 032 में मुद्रित

वाणी प्रकाशन का लोगो मक़बूल फ़िदा हुसैन की कूची से

समर्पण

उमा झुनझुनवाला

तथा

लिटिल थेस्पियन के

सभी रंगकर्मियों के लिए

कोई और रास्ता

(एकल नाटक)

Director's Note—Koi Aur Raasta

–Niloy Roy

Every story cannot be a play. However, life has it's conflicts which can go beyond a story to embrace dramatic elements at every unexpected moment. The difference between expectations and desires create a fissure of conflicts within the human mind. It is this conflict which emerges from these expectations and reality, which can divert a person's life towards an unwanted destination.

Ek Koi aur Raasta is an exploration of finding ways beyond the norms of sufferings and taking the path to individual's fulfilment of self.

The play itself has layers which seem to be subtle but when further explored, give a deeper understanding of truth which we don't want to talk about. Koi aur Raasta, is much deeper than being longer with repeated mention of Simone de Beauvoir's presence through a woman's identity along with the understanding of feminism in its cradle. It doesn't seem to be a biased women oriented play, as the protagonist Indu transforms through the life of a normal girl to a woman of mindful existence through the progression of intellectual understanding. Her existence in poetic life becomes much more relevant with her understanding of self as well as realisation of her physical and psychological need. The characters Naveen and Gautam as a catalysts could only further ignite this progression, which she was otherwise unknown to her. Indu's affinity towards self obsession turns into much layered need of a woman, being routed through the book *Second Sex*, followed by Elizabeth Gould Davis *The First Sex*. This is where the play strikes the hypocritical society hard by talking openly about our intentions and desires, which we don't want to discuss as as society's patrons.

The hidden desires and it's effect on relationship had to be explored and as a director, this was the point of attachment as well as detachment, where my quest began. There was much of straightness required to explain the contrasting crookedness of life, which Indu travels through. Neither the roads, nor the life was straight. Therefore, straight elements of designs were created to cuff the continuous ruffles of Indu and her journey. This further called for the linearity of the textual passages to be broken into performance, which started from the part of the script, where it Indu's presence can be questioned in context to other existing characters.

Although termed as a solo play, a journey with such hugeness of act could be justified with presence of other contradicting as well as complimenting characters, who represented the different sections of the society along with their presence as familiar characters of relatives and friends. The chorus was introduced likewise. The character of Indu's mother had a dual role of a stranger waiting along with her at the station as well as mother of Indu, knocking the door of her conscience wherever and whenever she is in doubt. However, except Indu all other characters remained non-verbal.

The entire play was weaved with the metaphorical existence of human beings wherein we have the choice to select people who matter to us and through the path which we may tread.

The characterisation of Indu had to be subtle as well as sharp, to maintain a gateway to realistic approach. The dialogues were completely detached from the poetry to bring out the varied structures of articulation in the speech.

This also created a non-monotonous variation, while supporting the ups and downs of the situational moments. The actor's space was intriguingly embedded into different locations and time to enhance Indu's stage presence, without eliminating the finer details. The light design was therefore worked out with lot of adamant specification, which only the overall scenography could permit and not an ounce more than that.

As a designer and director, *EK Koi Aur Raasta,* was more of an unbound attempt with an excellent script by the eminent wordsmith, who's each word had to be examined, explored and finally elaborated as an image.

The impressions followed.

कोई और रास्ता का प्रथम मंचन 14 जुलाई, 2023 को ज्ञानमंच, कोलकाता में लिटिल थेस्पियन द्वारा किया गया।

मंचन का विवरण इस प्रकार है :

एकल अभिनय	उमा झुनझुनवाला
कोरस	संगीता व्यास प्रियंका सिंह पार्वती रघुनन्दन इंतखाब वारसी
संगीत	मुरारी राय चौधुरी
प्रकाश-व्यवस्था	जोयदीप रॉय
संगीत-संचालन	अनिंद्य नांदी
डिज़ाइन और निर्देशन	निलॉय राय

कहीं जाकर ज़रूर खुलता है–'कोई और रास्ता'

यह 14 जुलाई, 2023 की शाम थी। कोलकाता के ज्ञानमंच में लिटिल थेस्पियन द्वारा *कोई और रास्ता* के पहले मंचन का आयोजन किया गया था। ठीक साढ़े पाँच बजे गुंजन मुझे लेने आ गयी थी और हम लोग 6 बजे ज्ञानमंच के प्रेक्षागृह में थे। बाहर कुछ दर्शक अपने प्रवेश की प्रतीक्षा में इधर-उधर बैठे बतिया रहे थे।

कोई और रास्ता एक एकल नाटक है। एकल नाटक मैंने पहली बार लिखा था, इसलिए उसके मंचन को लेकर उत्सुकता कुछ अलग थी। यह नाटक उमा के आग्रह पर ही लिखा गया था। दरअसल उमा की इच्छा थी कि वह एकल नाटक करे। इससे पहले उसने अज़हर आलम के निर्देशन में *एंड गेम* किया था। उसमें कुछ और पात्र भी मंच पर उपस्थित रहते हैं, लेकिन उनकी कोई मुखर भूमिका नहीं है। उनकी उपस्थिति ही नाटक के अभिप्रेत को दर्ज करती है।

अज़हर के जाने के बाद लिटिल थेस्पियन का सारा भार अब उमा के कन्धों पर ही था। उसकी बेटी गुंजन भी कुछ-कुछ हाथ बँटाने लगी थी लेकिन मुख्य रूप से उमा को ही सब करना था। पूरी टीम भी उमा की ओर देख रही थी और हम भी चाहते थे कि कोविड में हुए हादसों के ट्रॉमा से उमा बाहर आये। कम से कम इतना तो बाहर आ जाये कि रंगकर्म में सक्रिय हो। वस्तुत: हिन्दी रंगमंच को और ख़ासतौर पर कोलकाता के हिन्दी रंगमंच को उसकी बहुत ज़रूरत थी।

एकल नाटक को लेकर मैंने दो अलग-अलग थीम लेकर उमा से चर्चा की। वस्तुत: *कोई और रास्ता* नाम से मेरा पहले भी एक नाटक है और लगभग थीम भी यही है लेकिन वह एक लघु नाटक है। एक तो इसे एकल नाटक का रूप देना था और दूसरे उसे एक नया मुहावरा और नया संस्कार भी देना था। स्थितियों को और भी प्रखर रूप से प्रस्तुत करने की ज़रूरत थी। उमा ने *कोई और रास्ता* के थीम के लिए हामी भरी। मुझे भी लगा कि अगर एक सजग अभिनेता की हामी भी लेखक

के मन्तव्य के साथ जुड़ जाती है तो वह नाटक लिखा भी अच्छा जायेगा, खेला भी अच्छा जायेगा। उमा ने यह भी बताया कि इस नाटक का निर्देशन कौन करेगा, यह भी तय है। निलॉय रॉय को इसका निर्देशन करना था।

नाटक लिखे जाने से पहले निलॉय मुझे घर पर मिलने भी आये। उनसे मेरी पहली मुलाक़ात थी। मुझे वे एक धीर-गम्भीर और रंगकर्म में डूबे हुए व्यक्ति लगे। कॉफ़ी पी और बहुत सारी बातें हुईं। नाटक के थीम पर कोई चर्चा नहीं की लेकिन मैंने उनसे इतना ज़रूर कहा था कि यह एकल नाटक वूमैन ओरिएंटेड नाटक होगा। वे आश्वस्त दिखे।

कुछ दिन तैयारी में लगे। कई तरह के प्रारम्भ और अन्त कौंधने लगे। स्थितियाँ गड्डमड्ड होने लगीं। मैंने तय कर लिया कि जब तक लैपटॉप पर बैठूँगा नहीं, सिरे पकड़ में नहीं आयेंगे और वही हुआ। जैसे ही मैंने लैपटॉप खोला, मन में कविता खुलने लगी और 'यादें' कविता के साथ ही नाटक लिखा जाने लगा। लगभग एक सप्ताह के अन्तराल में ही नाटक तैयार था। नायिका इन्दु के चरित्र को पारम्परिक चरित्र से आधुनिक और तर्क-सम्पन्न चरित्र बनाने की यात्रा है। उसे एक लम्बा रास्ता तय करना था। वायवी रोमांस से उबरकर ठोस धरातल पर खड़ा होना था। उसे हर स्त्री के कुछ-कुछ अनुभवों के साथ जुड़ना था।

नाटक में कुल छह पात्र हैं। इन्दु, इन्दु की माँ, इन्दु का भाई इन्दर, इन्दु का मित्र नवीन, इन्दु की मित्र वीणा और इन्दु का मित्र/पति गौतम। मंच पर केवल इन्दु है और वह अपनी स्मृतियों को साझा करते हुए अतीत से वर्तमान तक की यात्रा तय करती है। केवल स्त्रियों के लिए बनायी गयी परम्पराएँ, धार्मिक मान्यताएँ और सामाजिक नैतिकताओं के बरक्स अपनी इयत्ता और पहचान की तलाश करने की यात्रा। ज़ाहिर है कि इस यात्रा में बहुत सारी रूढ़ियाँ तो टूटती ही हैं, बहुत सारी आउटडेटेड हो चुकी मान्यताएँ भी ध्वस्त होती हैं।

ठीक साढ़े छह बजे हॉल में अँधेरा हो गया। दर्शक अभी भी आ रहे थे और चुपचाप अपनी जगह तलाश करके बैठ जाते। औपचारिक घोषणाएँ और नाटक शुरू। इससे पहले हम लोग इसकी रीडिंग की एक सिटिंग कर चुके थे। जब नाटक लिखा गया तो तय कार्यक्रम के अनुसार एक बार फिर निलॉय घर आ गये और उधर कोलकाता में उमा भी व्हाट्सएप के माध्यम से हमसे जुड़ गयी। इस तरह सुनने वालों में निलॉय, उमा और शशि थे। नाटक पढ़ना शुरू किया और अन्त तक पढ़ता ही चला गया। पढ़ते हुए कुछ विचार, कुछ भाव और कुछ संवेदनाएँ जुड़ती

चली जा रही थीं। नहीं जानता था कि निलॉय और उमा की क्या प्रतिक्रिया होगी। लगभग एक घण्टे की रीडिंग के बाद एक विराम। मैं ख़ामोश हो गया। उमा ने पहली प्रतिक्रिया दी, 'नाटक सुनते हुए मेरे मन में कुछ बिम्ब बनने शुरू हो गये हैं।' यह बात उत्साहवर्धक थी। निलॉय को भी नाटक पसन्द आया लेकिन वे इसे एक लीनियर नाटक के स्थान पर कुछ फ़्लैश-बैक जैसी टेकनीक़ इस्तेमाल करके बनाना चाहते थे। नाटक के अन्त को लेकर चर्चा हुई। मेरे पहले वाले ड्राफ़्ट में इन्दु और गौतम अचानक स्टेशन पर मिलते हैं और गौतम इन्दु को कॉफ़ी पिलाने के लिए वहीं एक कैफ़ेटेरिया में ले जाता है। वहीं वह अपने किये पर पश्चात्ताप ज़ाहिर करते हुए इन्दु के साथ जीवन पुन: शुरू करने का प्रस्ताव रखता है। यह जानते हुए भी कि उनका तलाक़ क़ानूनी तौर पर हो चुका था। तभी उस गाड़ी के आने की घोषणा सुनाई देती है, जिसका इन्दु स्टेशन पर इन्तज़ार कर रही थी। वह गौतम से कहती है कि इसी गाड़ी से उसके पति कमल आ रहे हैं और गौतम को भी अपना रास्ता चुनने की सलाह देती है। नाटक यहीं ख़त्म हो जाता है लेकिन इस एकल नाटक के अन्त को मैंने थोड़ा बदला है। यह बदलाव भी उमा की उम्र को ध्यान में रखकर किया गया। वह बदलाव है, जो मुझे लिखते-लिखते सूझ गया था। अब अन्तिम दृश्य में उमा एक बार फिर उपस्थित होकर बताती है कि उनके विवाह को बीस साल हो चुके हैं। उनकी दो सन्तानें भी हैं और वह अपने सुखी जीवन के बारे में इज़हार करती है। अन्तिम संवाद है कि हमें कोई और रास्ता चुनने से पहले ही नकार नहीं देना चाहिए। इस अन्त के कई अर्थ हैं।

हम सब इस अन्त को लेकर आशंकित थे कि यह अन्त दर्शकों को पसन्द आयेगा कि नहीं। एक पुरुष को छोड़कर दूसरे पुरुष से विवाह का एक अर्थ यह भी है कि स्त्री बिना पुरूष के रह नहीं सकती और केवल उसी से उसे पहचान और सुरक्षा मिलती है। जिस अन्त को लेकर हम आशंकित थे, वही अन्त दर्शकों द्वारा बहुत पसन्द किया गया। शायद वे स्त्रियाँ जो सामाजिक दबावों के कारण घुटन -भरी ज़िन्दगी जीने के लिए अभिशप्त रहती हैं या वे स्त्रियाँ, जिनके किसी न किसी अनुभव से इन्दु के अनुभव जुड़ जाते हैं, उनका तादात्म्य न केवल इस नाटक से बल्कि इस अन्त से भी हो रहा था। इन्दु ने अपना रास्ता चुना लेकिन गौतम अभी भी अपने रास्ते की तलाश में भटक रहा है यानी नाटक में अन्तत: पुरुष ही लूज़र है। क्या यह अन्त किसी अलग दिशा की ओर संकेत नहीं करता?

रीडिंग के अगले दिन उमा का फ़ोन आया कि वह नाटक के नाम के बारे में चर्चा करना चाहती है। उसने अपनी ओर से 'खुरचन' नाम सुझाया। पल भर

की ख़ामोशी के बाद मैंने कहा कि नाटक की वस्तु 'खुरचन' शब्द पूरी तरह से अभिव्यक्त नहीं करता। खुरचन शब्द के आगे-पीछे कुछ जोड़ दिया जाये तो अर्थ बदल सकता है जैसे कि 'मैं कोई खुरचन नहीं'। अकेला शब्द खुरचन केवल इतना ही ध्वनित करता है कि बचा-खुचा लेकिन 'मैं कोई खुरचन नहीं कहा जाये तो इस शीर्षक में विद्रोह की गन्ध आती है लेकिन विकल्प की नहीं। जबकि कोई और रास्ता में विरोध के साथ-साथ विकल्प की सम्भावना भी स्पष्ट ध्वनित होती है। उमा कुछ सोच में पड़ गयी। उसके अगले दिन उमा ने फ़ोन करके बताया कि उसने इस विषय पर बहुत सोचा और लगा कि नाटक का यही नाम ठीक रहेगा।

मंच पर नाटक जारी था।

उमा ने इस नाटक में अपने जीवन का श्रेष्ठ अभिनय किया होगा, ऐसी मेरी राय है। वह नाटक के प्रत्येक संवाद और स्थिति के साथ अभिन्न रूप से जुड़ चुकी थी। निलॉय रॉय ने कुछ प्रयोग किये हैं। नाटक के आलेख में जो पात्र केवल आलेख में ही उपस्थित हैं, उन्हें भी निलॉय ने मंच पर उपस्थित किया है। उनकी मूवमेंट्स हैं, लेकिन कोई संवाद नहीं। वे मूवमेंट्स भी बहुत कुछ कहती चलती हैं। संगीत नाटक आकादेमी द्वारा सम्मानित मुरारी राय चौधुरी ने संगीत दिया है। नाटक का संगीत-पक्ष बहुत प्रबल है। संगीत कर्णप्रिय होने के साथ-साथ संवादों की गहराई को और भी गहरा कर देता है। ऐसा संगीत कि आपको पता भी नहीं चलता और आप उसकी गिरफ़्त में घिरते चले जाते हैं। इसी तरह से प्रकाश-व्यवस्था भी स्थिति के अनुरूप बुनी गयी है। निलॉय ने कुछ प्रतीकों के सहारे से भी नाटक की स्थितियों को खोलने की कोशिश की है। ये प्रतीक जिन बिंबों का निर्माण करते हैं, उनके अर्थ अलग-अलग दर्शकों के लिए अलग-अलग हो सकते हैं। उमा स्वयं एक नाट्य-निर्देशक भी है और वह जानती है कि किन प्रतीकों का इस्तेमाल कितना करना है। कुछ प्रतीक दुरूह लग सकते हैं, लेकिन वे एक ऐसे रंग-सौन्दर्य का निर्माण करते हैं, जिनके अर्थ आपके अनुभवों के साथ जुड़कर अलग-अलग अर्थ दे सकते हैं।

मंचन के ख़त्म होते ही हॉल में गहरा सन्नाटा था। क्षण भर बाद ही दर्शकों की तालियों की गड़गड़ाहट इस सन्नाटे को तोड़ रही थी। दर्शक खड़े होकर लगातार तालियाँ बजा रहे थे। कुछ दर्शक तत्काल प्रतिक्रिया भी दे रहे थे और कुछ दर्शक सुन्न थे। आम महिलाओं की प्रतिक्रिया यह थी कि यह नाटक उन्हें अपने किसी न किसी अनुभव से जोड़ देता है। बहुत सारी महिलाओं की आँखें डबडबायी हुई थीं। दो-तीन महिलाएँ आँसू बहाती हुई भी दिखाई दीं।

हॉल के अन्दर बधाई देने वालों का ताँता था और बाहर कुछ दर्शकों की प्रतिक्रियाएँ दर्ज की जा रही थीं। वे सुनीं तो लगा कि मंचन सार्थक रहा। उसके बाद तो समीक्षात्मक टिप्पणियों और आलेखों का सिलसिला थमने को ही नहीं आ रहा था। उन्हीं आलेखों एवं समीक्षात्मक टिप्पणियों में से कुछ इस नाटक के साथ दे रहा हूँ। ताकि सनद रहे कि इस नाटक के पहले शो की प्रतिक्रियाएँ दर्शकों ने कितनी तन्मयता और संलग्नता से कीं।

उसके बाद तो कोलकाता और दूसरे शहरों में भी में इसके शो लगातार हो रहे हैं और दर्शकों का भरपूर प्यार मिल रहा है। जब तक यह नाटक छपकर आपके हाथ में आयेगा, तब तक न जाने इसका मंचन कहाँ-कहाँ हो चुका होगा।

–प्रताप सहगल

(मंच पर हलका प्रकाश है। एक बेंच पर इन्दु बैठी हुई कोई पत्रिका या पुस्तक पढ़ रही है। पार्श्व से गाड़ियों के आने-जाने, सवारियों के उतरने-चढ़ने तथा आने-जाने वाली गाड़ियों की सूचनाएँ सुनाई देती हैं। इन्दु जिस तरह से पत्रिका के पन्ने पलट रही है, उससे पता चलता है कि वह किसी बात से परेशान है। यकायक पत्रिका एक ओर रखकर जैसे वह फट पड़ती है।)

इन्दु : **मुझे नहीं बनना सती अनसूया, न सीता, न सावित्री। द्रौपदी भी क्यों बनूँ। मैं इन्दु हूँ, मुझे इन्दु ही बना रहने दीजिए न!**

(प्रकाश मन्द होता है। बेंच ग़ायब होता है और गाड़ियों की आवाज़ भी लुप्त हो जाती है। पूरा दृश्य अँधेरे में डूब जाता है।

एक ओर प्रकाश-वृत्त। इन्दु दिखाई देती है। हलका संगीत पार्श्व में चलता रहता है।)

इन्दु : *यादें*
कहने-सुनने में तो एक मामूली-सा शब्द है
यादें
लेकिन यादों के साथ ही हमारा वुजूद है
यादों में एक मीठी-सी ख़ुशबू है
तो कई नश्तर भी हैं यादों के पास।
ये नश्तर चीर देते हैं ख़ुशबू को कई-कई बार
और मन को एक उदास आकाश घेर लेता है।

(पॉज़)

यादें एक साथ नहीं आतीं
अलग-अलग भी नहीं आतीं यादें
एक उलझाव-भरा अक्स रच देती हैं यादें
और हम लस्त-पस्त किन्हीं खोहों में समा जाते हैं।

(पॉज़। जगह बदलती है)

कहते हैं कि यादें एक सरमाया होती हैं
इन्हें किसी के साथ क्यों बाँटें
यादें सरमाया होतीं है एक इनसान का
जिसे अपनों से साझा किये बिना सुकून नहीं मिलता।

(पॉज़)

यह यादें
एक इतिहास बनाती हैं
बनाती हैं एक तहज़ीब
तामीर करती हैं
एक समाज
यादें
सबके पास अपनी-अपनी यादों का सरमाया है
मेरे पास भी
मैं बार-बार इसी उलझन में रहती हूँ कि
यह यादें आपसे साझा करूँ या नहीं
इन्हें कोई समाजी मायने दूँ या नहीं
घुट-घुटकर जिऊँ, घुट-घुटकर मरूँ
या अपनी कोई अलग लकीर खींचूँ।
आप क्या कहते हैं?
जी, आप सही फ़रमा रहे हैं
यादों को बाँटने से मन का बोझ हलका होता है
नहीं जानती कि ऐसा होगा या नहीं
लेकिन आज मन कर रहा है कि
अपनी यात्रा, अपनी लड़ाई आपसे साझा ज़रूर करूँ।

नहीं-नहीं, पैसे नहीं माँग रही आपसे
बस आप मेरी इस स्मृति यात्रा को एक बार मेरे साथ जी लीजिए
(पॉज़)
कहाँ से शुरू करूँ?
शुरू से, बीच से या अन्त से

हँऽऽऽ अन्त। अन्त कुछ होता है क्या? ज़िन्दगी का यह सफ़र तब तक नहीं रुकता, जब तक आँखें बन्द नहीं हो जातीं। बात वहाँ से शुरू करती हूँ, जब मैं एक बहुत बड़ी फ़ैक्टरी के दफ़्तर में काम करती थी। अब तो उम्र कुछ ज़्यादा हो गयी है। माँसपेशियाँ भी ढलने लगी हैं। बहुत सुन्दर दिखाई नहीं देती न! एग्ज़ेटली। जवानी में भी मैं कुछ-कुछ ऐसी ही थी। बदसूरत तो नहीं लेकिन बहुत सुन्दर भी नहीं थी यानी ऐसी सुन्दर कि लड़कों की लाइन लग जाये। यह लड़के भी न! भला सुन्दरता सिर्फ़ बदन में होती है क्या? ज़्यादातर लड़कों को यही लगता है। लड़कों को ही क्यों, लड़कियों को भी। वैसे देखा जाये तो जवानी की अपनी ख़ूबसूरती होती है। आप ही बताइए, होती है कि नहीं? जवानी का लावण्य कुछ अलग ही दिखाई देता है। वो जवानी का लावण्य तो था मेरे पास। तालीम भी ठीक-ठाक थी। हाँ, एक बात मेरे पास ऐसी थी, जो दूसरों के पास वैसी नहीं थी। वह थी मेरी आवाज़।

इंटरव्यू लेने वाला शायद पारखी था और उनके पहले सवाल का जवाब देते ही मुझे पूछ लिया था कि, 'आप रेडियो पर काम करती हैं क्या?'

'नहीं तो।' मैंने सकुचाते हुए जवाब दिया था, 'क्या हुआ, सर?'

आवाज़! बस उन्होंने कुछ और भी पूछा था लेकिन मेरी आवाज़ उनके मन में जगह बना चुकी थी।

उन्होंने मुझे चुन लिया और फ़ैक्टरी के फ्रंट आफ़िस में रिसेप्शन पर बिठा दिया। घर में सब ख़ुश थे। हम मिडिल क्लास के लोग। नौकरी लगने का मतलब होता है घर में जश्न। छोटा-सा जश्न हमारे घर भी हुआ। पहली बार मुझे अपने होने का अहसास जाग रहा था। अभी तक मैंने अपने मैं से सामना नहीं किया था। मेरे अन्दर के मैं का विस्तार होने लगा। फ़ैक्टरी का विस्तार हो रहा था और मुझे अगले ही दिन से आने वाले सभी तरह के लोगों को न केवल रिसीव करना बल्कि उन्हें सही तरह से उनकी हर बात का जवाब भी

देना था। इसमें दिक़्क़त तो हुई लेकिन सीखने में मैं हमेशा अगुआ रही हूँ तो यहाँ भी जल्दी ही सब सीख लिया।

बस अभी एक हफ़्ता ही गुज़रा था। जो यादें मैं आपसे साझा करने जा रही हूँ न, उसका पहला सिरा नौकरी लगने के एक हफ़्ते बाद की घटना में ही शामिल है। इंटरव्यूज़ अभी भी चल रहे थे। कैंडीडेट्स आ रहे थे। मैं उन्हें गाइड कर रही थी कि अचानक एक लम्बा और ख़ूबसूरत-सा नौजवान रिसेप्शन काउंटर के सामने आकर खड़ा हो गया। उसके चेहरे की चमक औरों से कुछ अलग थी। रंग साफ़, सफ़ेद क़मीज़ और काली पैंट। बाल उसने एक पुराने हीरो देवानन्द के स्टाइल में बना रखे थे। सच मानिए कि पेन मेरे हाथ से छूटते-छूटते बची। किसी तरह से मैंने ख़ुद को सँभाला और उसे इन्तज़ार करने के लिए कहकर वाशरूम चली गयी। मोबाइल से मैंने वीना को फ़ोन किया, उधर से रिसीविंग गाना–

सँभाला है मैंने बहुत अपने दिल को, ज़ुबाँ पर तेरा फिर भी नाम आ रहा है।

यह क्या है। ख़ैर, वीना ने फ़ोन उठा लिया। उससे वैसे ही इधर-उधर की बात करके मैंने अपने मन को थोड़ा शान्त किया। यही होता है विरोधाभास। तन की सुन्दरता की बात कर रही थी और जब उस लड़के को देखा तो वही हुआ, जिसका मज़ाक़ मैं थोड़ी देर पहले उड़ा रही थी। मन में एक घण्टी तो बजी थी।

मन! क्या होता है मन! सोचती हुई मैं अपनी सीट पर लौट आयी और अपने काम में जुट गयी। वह लड़का, उसने अपना नाम गौतम बताया था। वह अन्दर जा चुका था इंटरव्यू के लिए। मेरा वश चलता तो मैं उसे वहीं रिसेप्शन पर ही अपॉइंटमेंट लेटर दे देती। प्रार्थना कर रही थी कि उसकी नियुक्ति हो जाये। सचमुच हो भी गयी।

यादों का दूसरा सिरा यहाँ से शुरू होता है।

गौतम अगले ही दिन से सेल्स आफ़िस में रोज़ आने लगा। दो हफ़्ते बाद ही एक और लड़की ने ज्वाइन किया। वह मुझसे कहीं ज़्यादा ख़ूबसूरत थी। सो उसे फ़्रंट डेस्क पर बिठा दिया गया और मुझे पीबीएक्स बोर्ड पर। सभी के फ़ोन रिसीव करना और उन्हें एक्सटेंशन नम्बर के मुताबिक़ सही डिपार्टमेंट या व्यक्ति को ट्रांसफ़र करना (पीबीएक्स बोर्ड पर बैठे हुए फ़ोन लेने और ट्रांसफ़र करने का उपक्रम करती है)।

अब मेरा चेहरा सामने नहीं था। मेरी आवाज़ ही मेरा चेहरा थी। बहुत फ़ोन आते लेकिन मुझे इन्तज़ार रहता गौतम के लिए किसी फ़ोन का। गौतम के लिए कोई फ़ोन नहीं आ रहा था। मैं परेशान थी। गौतम के बारे में ज़्यादा से ज़्यादा जानना चाहती थी। वह कभी भी दिख जाता तो उसे ग़ौर से देखती। वह मेरी पसन्द से अभी तक बेख़बर था।

एक दिन वह बाज़ार में दिखा। मेरे पास से गुज़रा तो लगा कि रौशनी का एक दरख़्त मेरे पास से गुज़र गया है। वह अपने ही किसी ख़याल में था और मैं खड़े-खड़े रौशनी में नहा रही थी।

मैं पता चला चुकी थी कि वह हमारी कॉलोनी के पास ही एक कॉलोनी में रहता था। यह मज़दूरों की कॉलोनी थी। फ़ैक्टरी में काम कर रहे मज़दूरों को वहीं मकान दिये गये थे। मकान छोटे थे लेकिन पक्के और साफ़-सुथरे। कॉलोनी भी साफ़-सुथरी थी। मैं जल्दी से जल्दी उससे कोई बात शुरू करना चाहती थी और वो कमबख़्त मेरी तरफ़ देखता भी नहीं था।

कहा तो यही जाता है न कि मज़ा तो इश्क़ का तब है जब आग दोनों ओर बराबर लगी हुई हो। इधर तो आग थी और उधर आग तो क्या, धुआँ भी दिखाई नहीं दे रहा था। मुझे रौशनी दिखाई दे रही थी और उस ओर धुआँ भी नहीं। बस अँधेरे का सैलाब था।

पीबीएक्स बोर्ड पर बैठने का एक फ़ायदा यह था कि सबके फ़ोन मेरे रास्ते से होकर ही जाते थे। सबकी कुछ-कुछ ख़बर मुझे मिलती रहती।

गौतम के फ़ोन तो बहुत ही कम आते और जो आते उससे उसके बारे में कुछ भी पता न चलता। एक दिन उसके एक दोस्त का फ़ोन आया।

मैंने पूछा, 'आप कौन बोल रहे हैं?'

'नवीन', उसने कहा।

'देखती हूँ', कहकर मैंने ऐसे ही कहीं मिला दिया। घण्टी सुनाई दे रही थी। क्षण भर बाद ही मैंने नवीन से कहा–

'फ़ोन नहीं उठा रहे, शायद वाशरूम में हों। कोई मैसेज?'

'आपका नाम जान सकता हूँ?'

'इन्दु', मैंने बिना झिझके जवाब दिया।

'इन्दु जी, उसे कहिए कि आज पाँच बजे कॉलिज में एक मीटिंग है। आ सके तो अच्छा रहेगा।'

'कॉलिज?'

'हाँ, हम दोनों शाम के कॉलिज में पढ़ते हैं। एक बात कहूँ, बुरा तो नहीं मानेंगी?'

'बोलिए', मेरी दिलचस्पी बढ़ रही थी।

'आपकी आवाज़ बहुत ही मीठी है। ऐसी मीठी आवाज़ मैंने आज तक सुनी नहीं।'

मुझे लगा कि लाइन मार रहा है लेकिन बहुत बाद में पता चला कि नवीन की आदत ही थी कि उसे जब जिसमें जो बात अच्छी लगती, उसकी तारीफ़ कर देता था।

मुझे बात करने का एक सूत्र मिल गया था। कुछ देर बाद मैंने गौतम को मैसेज दे दिया। गौतम ने मुझसे फ़ोन मिलाने का आग्रह किया। मैंने मिलाया भी और उनकी सारी बातें ओवरहियर कीं। मेरे काम की बात सिर्फ़ इतनी थी कि गौतम ने नवीन को बताया–

'यार, यह लड़की मेरे पीछे पड़ी हुई है।'

मुझे क़तई बुरा नहीं लगा। मैं ख़ुश हुई कि हमसे बेहतर ज़िक्र हमारा कि हम उनकी महफ़िल में हैं। पहली बार महसूस हुआ कि कुछ न कुछ तो गौतम के मन में भी चल रहा है लेकिन मर्दों वाला फसाड बनाकर रखना चाहता है। मेरी हिम्मत बढ़ गयी और मैं गौतम का ध्यान पहले से भी ज़्यादा रखने लगी। बातें शुरू हुईं, बातों का सिलसिला मुलाक़ातों में बढ़ा। लगने लगा कि दिल कुछ ज़्यादा ही धड़क रहा है। नज़दीकियाँ और भी नज़दीकियों में बदल गयीं। एक पुरानी कहावत है कि टू मच फ़ैमिलियरिटी ब्रीड्स कंटैम्प।

यह बहुत जल्दी हो गया और हम जल्दी ही लड़ लिये।

अब आप मुझसे लड़ने का कारण मत पूछिए। यह देखिए कितने जवान लड़के-लड़कियाँ बैठे हैं यहाँ। इनसे पूछिए, जवानी में लड़ने की कोई वजह, समझ होती है क्या। बस टू मच फ़ैमिलियरिटी...! शादी की बात शुरू होने से पहले ही दफ़्न हो गयी।

अब?
चन्द मुलाक़ातें
आँधी की तरह से आयीं
और बवण्डर की तरह चली गयीं।
रह गये यादों के कुछ सब्ज़ पत्ते

कुछ रौशनी की लकीरें
पानी के कुछ छींटे।
सूखते हुए अहसास घिरने लगे मेरे आसपास
और मैं बिन पानी की मछली-सी
साँसों की तलाश करते हुए हाँफने लगी।
एक हक़ीक़त जो बदल चुकी थी बस एक याद बनकर
उसे फिर से हरा करना था।
लेकिन कैसे?
बस टेक यहीं टूट जाती।

मैं हरदम उदास रहने लगी। बाहर से आने वाली किसी की कॉल किसी और को मिला देती। किसी का कोई नम्बर कहीं और मिला देती। कई-कई कोनों से डाँट पड़ने लगी।

मैनेजर तक बात पहुँच गयी। मेरे ख़िलाफ़ ऑफ़िस मीमो जारी हो गया। एक्सप्लेनेशन। मैं अपनी सफ़ाई में क्या कहती। बस एक ही शब्द बार-बार ज़बान पर आता–

'सारी सर, सारी सर!' यह ससुर 'सारी सर' भी कितनी बार चलता।

क्या करूँ, क्या न करूँ। मैं बिना गौतम के ख़ुद को एक सूखी नदी-सा महसूस कर रही थी।

एक सूखी नदी
नाम तो होता है न उस नदी का भी
लेकिन पानी नहीं होता
बस एक नमी होती है
मिट्टी की तहों के नीचे
मन की परतें गीली थीं
आँखें नम रहतीं
और चेहरा बेदम।

यह मुझे क्या हो गया। ऐसी तो मैं कभी न थी। बस एक ही दोस्त थी मेरी वीना। वह थी तो शहर में ही लेकिन उन दिनों विदेश में थी। घर में थी माँ और एक था छोटा भाई इन्दर। इन्दर अभी इतना बड़ा नहीं था कि यह बातें उससे साझा कर सकती।

माँ ने सँभाला, माँ ने समझाया, माँ ने बार-बार समझाया–

'इन्दु, तू गौतम का ख़याल छोड़ दे। जो शादी से पहले ही तेरी परवाह नहीं कर रहा, वह शादी के बाद तो बिल्कुल नहीं करेगा। अभी तो तुम्हारे सामने कई रास्ते खुले हुए हैं। तुम पढ़ी-लिखी समझदार हो, संस्कारी हो, अच्छे परिवार से हो। पैसा नहीं है तो क्या, वह कौन सा करोड़पति है। उसका परिवार देखा है तुमने। आठ भाई-बहन। कैसे सँभालोगी उन्हें।'

माँ समझा रही थी और मेरे मन में गौतम की छवियाँ तैर रही थीं। माँ बोल रही थी और मैं मन ही मन शेर पढ़ रही थी–*ये इश्क़ नहीं आसाँ बस इतना ही समझ लीजे/इक आग का दरिया है और डूब के जाना है*। माँ समझा रही थी और मैं मीरा के पढ़े हुए पद याद कर रही थी। माँ समझा रही थी और मैं सूफ़ी कवियों की इबारतें मन ही मन गुनगुना रही थी।

कभी जायसी की पदमावती का ध्यान आता तो कभी बुल्लेशाह के मुर्शिद का। क्या मैं इश्क़ मजाज़ी से इश्क़ हक़ीक़ी का सफ़र तय कर रही थी।

क्यों पढ़ीं मैंने यह चन्द किताबें!

माँ की बात के पीछे उनके अनुभवों का संसार था। मेरे साथ मेरे थोड़े-से अनुभव। माँ के अनुभव मेरे काम नहीं आ रहे थे। न जाने क्या-क्या सोचते हुए कब सो जाती। सपनों में भी गौतम। हक़ीक़त में भी गौतम। यह दिमाग़ का ख़लल था या कुछ और।

सँभाला है मैंने बहुत अपने दिल को, ज़ुबाँ पर तेरा फिर भी नाम आ रहा है।

वीना के फ़ोन की यह कॉलर ट्यून बार-बार मेरे मन में बज रही थी।

इश्क़ की इसी इन्तहा के साथ मुझे सारे काम करने थे। ज़िन्दगी को सिर्फ़ जीना नहीं, उसे जानना भी है। दोनों अलग तरह के अनुभव। मुझे ज़िन्दगी जाननी है तो ज़िन्दगी जीनी भी है।

मन कुछ सँभला और काम भी कुछ ठीक होने लगा। गौतम को आते-जाते देखती, बस। वह कभी नहीं देखता था। उसके मन में क्या था, नहीं जानती थी लेकिन मैं यह तय कर चुकी थी कि अगर बात दुनियावी नज़रिये से शादी तक ही सीमित है तो शादी उसी से करूँगी, वरना नहीं करूँगी।

एक के बाद एक कॉल रिसीव हो रही थी।

'हलो', उधर से नवीन की आवाज़ आयी। गौतम के लिए कॉल थी। मैंने मिला दिया और उनकी बातें ओवरहियर करने लगी। कॉलिज और कामकाजी बातें थीं। मेरे बारे में कोई बात न गौतम ने की न नवीन ने कुछ पूछा। मैं थोड़ा उदास हो गयी।

इस बार मैंने नवीन को फ़ोन मिलाकर कहा कि मैं उससे मिलना चाहती हूँ। क्या वह मेरे दफ़्तर आ सकता है? वह भी कामकाजी आदमी। एक दिन वक़्त निकालकर आ गया।

हम दोनों पीबीएक्स रूम में थे। नवीन के हाथ में उम्मर ख़य्याम की 'रुबाइयात' नाम की किताब थी और साथ ही था उसका मोबाइल।

'नया मोबाइल?'

'हाँ, हाल ही में लॉन्च हुआ है।'

संचार क्रान्ति के यह शुरुआती दिन थे। नवीन नयी चीज़ों, नयी बातों को स्वीकार करने में मुझसे भी तेज़ था। उसने उसके फ़ायदे-नुक़सान बताये। मोबाइल तो मेरे पास भी था लेकिन उसका इस्तेमाल बहुत कम करती। उन दिनों मोबाइल रखना एक स्टेटस सिम्बल की तरह देखा जाता था।

पीबीएक्स रूम में किसी बाहर के आदमी को अन्दर ले जाना सख़्त मना था लेकिन मैं तकलीफ़ में थी। तकलीफ़ थी कि गौतम के यूँ रूठने की वजह क्या है? यह सच है कि हम बहुत ही मामूली-सी बातों को लेकर लड़ने लगे थे। हम दोनों के बीच में परिवार शादी से पहले ही आ रहे थे। ज़िम्मेदारियों का पहाड़ भी मेरे सामने था लेकिन मैं सारा बोझ उठाने को तैयार थी। फिर वजह क्या थी? मेरे प्यार में कोई कमी या सिर्फ़ और सिर्फ़ देह। वह सुन्दर और मैं सुन्दरता की सीमा से कोसों दूर।

इनकम्पैटिबिलिटी की गन्ध!

नवीन मेरी बातें सुनता रहा और जब उसने कहना शुरू किया तो मैंने ध्यान से सुना। वह बता रहा था कि तुम उससे बहुत तेज़ हो, बहुत इंटेलिजेंट, अंग्रेज़ी बहुत अच्छी बोलती हो। आप उसके परिवार के बारे में जो कहती हो, वो करोगी भी, इसमें उसे शक है। नवीन बोलता रहा, मैं सुनती रही और अन्त में उसने बताया कि, शायद गौतम इंफ़िरियारिटी कॉम्प्लेक्स का शिकार हो गया है। मेरी मानो तो कोई और लड़का ढूँढ़ लो।'

यह तो हो ही नहीं सकता। एक बार जिसे अपना मान लिया, उसकी जगह कोई और नहीं ले सकता। आप बताओ कि आप मेरी क्या मदद कर सकते हो?

यह सब प्लेटोनिक लव के ज़माने की बातें हैं। हम ठोस दुनिया में आ चुके हैं। वायवी की जगह सेंसुअस। यथार्थ।

विज्ञान कितना ही क्यों न उछाले
अपने सच
मेरा सच तो यह है कि
उसके छूने से
मुझे अब भी रोमांच होता है।
है इसका कोई जवाब विज्ञान के पास?

नवीन कहता यह सब एक रासायनिक प्रक्रिया है। मुझे उसकी बातें समझ नहीं आ रही थीं

(पॉज़)

'क्या गौतम को मेरे यहाँ आने की ख़बर है?' नवीन ने पूछा

'नहीं। हम तो कई दिनों से आपस में बात ही नहीं कर रहे।' बात मैं उससे कर रही थी। साथ ही मेरा ध्यान उसके फ़ोन पर भी था और सोच रही थी कि मैं भी इसी मॉडल का एक फ़ोन क्यों न ले लूँ!

मैंने नवीन से उसकी क़ीमत पूछी।

उसने बताया कि उसके जन्मदिन पर उसके छोटे भाई ने उसे गिफ़्ट किया है।

'कुछ करो न। मुझे उससे एक बार मिलवा दो।

मेरे कहने से। जब उसे पता ही नहीं कि मैं यहाँ हूँ।

फ़ोन पर भी बात होती है न। एक बार प्लीज़...' मुझे लगा जैसे मैं गिड़गिड़ा रही थी। ऐसा क्यों हुआ? इस सवाल का जवाब मेरे पास न तब था, न आज है।

'मैं आपकी छोटी बहन होती तो कुछ करते कि नहीं?'

नवीन जैसे कुछ चौंका। कुछ देर तक ख़ामोश रहने के बाद कहने लगा–

'इन्दु जी, मेरे विचार कुछ अलग हैं। मैं मानता हूँ कि अपनी माँ, अपनी बहन, अपनी बेटी ही अपनी होती है, शेष सब स्त्री-पुरूष हैं।'

अब मैं कुछ चौंक गयी थी। 'मैं तो ऐसा नहीं सोचती। दोस्त ख़ून का रिश्ता नहीं होता, फिर भी कई बार भाई से बढ़कर दोस्त क़रीब होता है। आप उसके लिए कुछ भी करने के लिए तैयार हो जाते हैं। बहन नहीं तो एक दोस्त मानकर कुछ कीजिए कि हमारे रिश्तों के बीच आयी दरार दूर हो जाये।'

'दरार दूर हो भी गयी तो उसके भरने का निशान तो बचा रहेगा।'

नवीन के ख़यालात आम लोगों से बिलकुल अलग थे। वह फिर कहने लगा,
रहमिन धागा प्रेम का, मत तोड़े चटकाय, टूटे से फिर न जुड़े, जुड़े गाँठ पड़

जाये। कपड़ा अगर एक बार फट जाये तो रफ़ू तो हो जाता है, लेकिन अपना असली रंग-रूप खो देता है।'

मुझे लगा जैसे वह गौतम की तरफ़ से मुझे समझा रहा हो कि अब बहुत हुआ। अपना-अपना रास्ता पकड़ो।

(पॉज़)

मेरी माँ भी तो ऐसी ही बातें करती है। तो क्या मैं ही ग़लत थी।

जो भी हो मैं तो तय कर चुकी थी कि या तो गौतम या फिर कोई नहीं।

नवीन को बताया तो वह उमर ख़य्याम की किताब मेरे हाथ में थमाकर बिना कुछ कहे चला गया।

चार दिन बाद ही राखी का त्योहार था। नवीन से लगातार बात होती रहती थी। लेकिन मेरे कहने पर भी वह नहीं आया। एक दोस्त की तरह से वह ज़रूर कुछ करता रहा होगा कि गौतम आते-जाते मेरी ओर देख लेता।

दफ़्तर में भी तरह-तरह की बातें उड़ने लगीं।

हम हिन्दुस्तानी समाज हैं न! अपने घर से ज़्यादा पड़ोसी के घर की ख़बर रखते हैं। गली-मोहल्ले में आते-जाते लोगों पर नज़र रखते हैं। ख़ासतौर पर मिडिल क्लास। मिडिल क्लास भी एक शै है। इसके कितने ही हिस्से कर लो। लोअर। मिडिल। अपर। ज़ेहनियत सबकी एक-सी ही है।

वही मिडिल क्लास दफ़्तर में भी तो था। बात उड़ते-उड़ते मैनेजमेंट तक पहुँची कि पीबीएक्स रूम में एक लड़का मुझसे मिलने आता है। ऑफ़िस मीमो इश्यू हो गया। जवाब देना मुश्किल। नवीन को तो आने से रोक दिया, लेकिन मैनेजमेंट के सामने एक बार फ़िर 'सारी सर' कहने के सिवाय कोई रास्ता नहीं था। जैसे-तैसे नौकरी बच गयी, कोई अनुशासनात्मक कार्रवाई (डिसिप्लिनरी ऐक्शन) भी नहीं हुई।

बादलों से परे होता है
एक साफ़-सुथरा नीला आसमान
जहाँ तारे छिटके हुए दिखाई देते हैं
कुछ आकाशगंगाएँ
और एक अदद चाँद।
मेरे साफ़-सुथरे रिश्ते पर
छा गये थे उदासी के बादल
और मुझे इन्तज़ार था

झिलमिलाते तारों से
भरे नीले आसमान का
बस एक झिलमिलाती नीली चादर हो
जहाँ हो हमारे रिश्ते की
एक पवित्र आकाशगंगा
और हो हमारे प्रेम का मधुर संगीत।
क्या ऐसा कभी होगा। टूटा हुआ रिश्ता बिना गाँठ के जुड़ेगा क्या?
(पॉज़)

नवीन के कारण या किसी और कारण से हमारे रिश्तों के बीच जमी बर्फ़ पिघलने लगी। प्यार-भरे अहसास एक बार फ़िर आसपास टहलने लगे।

नवीन के कहने पर ही मैंने गौतम को फ़ोन करके पूछा, 'ग़ुस्सा काफ़ूर हो गया हो तो शाम को मिला जाये।'

वह तैयार हो गया। मेरे मन में एक बार फिर सिंफनी बजने लगी।

उस शाम नवीन भी गौतम के साथ था। वह थोड़ी ही देर बाद चला गया। अब हम दोनों अकेले थे। शिकवे-शिकायतें ख़ूब हुईं। रिश्ते पर समाज और धर्म की मोहर लगाने तक की बातें। गौतम के परिवार की बातें। उसके आठ छोटे भाइयों-बहनों की बातें। ज़िम्मेदारियों की बातें। मैं डर गयी लेकिन गौतम को खोना नहीं चाहती थी। माँ अभी भी बार-बार समझा रही थी कि ऐसा रिश्ता दूर तक चलता नहीं है। मैं तुम्हें जानती हूँ और गौतम को भी ग़ौर से देखा है। जब मैं नहीं मानी तो ग़ुस्से में माँ ने यहाँ तक कह दिया कि उसने बाल धूप में सफ़ेद नहीं किये। ज़िन्दगी का तजुर्बा भी कोई चीज़ होती है। मुझे कुछ भी समझ नहीं आ रहा था। मैं माँ की हर बात काट रही थी। माँ को समझाने में नवीन ने भी मेरी मदद की। और आख़िरकार वह दिन आ ही गया।

(पार्श्व से शगुनों-भरा गीत-संगीत)

'मत्थे ते चमकण वाल मेरे बनड़े दे...'

सुहाग के गीत बजने लगे। ढोलक की थाप के साथ ही कुछ फ़िल्मी तराने भी हवा में तैरे...मेहँदी रची, हल्दी चढ़ी...वो सब हुआ जो एक आम हिन्दुस्तानी शादी में होता है। मेरा अपना भाई था लेकिन शादी का पूरा इन्तज़ाम नवीन के हाथ में था। मुझे उसकी इंवाल्वमेंट पर प्यार आ रहा था। मैं उसके लिए भी किसी अच्छी-सी लड़की की कल्पना करने लगी। उधर गौतम घोड़ी चढ़ा,

बैंड बजा और पूरे रस्मो-रिवाज के साथ फेरे हुए और हमने गृहस्थ-जीवन में प्रवेश किया।

यादों का तीसरा चैप्टर यहाँ क्लोज़ होता है और शुरू होता है मेरी यादों का अगला चैप्टर।

(पॉज़)

आप मेरी बातें सुनकर बोर तो नहीं हो रहे न। सुनिए ज़रूर। मुझे विश्वास है कि मेरे अनुभव आपको कुछ दे सकेंगे।

हाय राम, यह मैं क्या कह गयी। गौतम से शादी करके मैंने कोई ग़लती की थी क्या?

सपनों की जगह हक़ीक़त से सामना होना शुरू हुआ।

सपना जितना मख़मली था, यथार्थ उतना ही खुरदरा। बदरंग।

आप सोचिए जिस घर में मैं दुल्हन बनकर गयी थी, उसमें दस जीव पहले से ही रहते थे। मज़दूरों की कॉलोनी थी यह। एक कमरा, एक किचन और बाहर छोटा-सा आँगन। तीन-तीन घरों के परिवारों के लिए दो-दो टॉयलेट और एक-एक वाशरूम। सुबह फ़ारिग हो लो तो ठीक वरना नम्बर लगाओ। पहले दो-चार दिन तो नयी दुल्हन का ख़ास ख़याल रखा गया लेकिन उसके बाद सब एक समान।

पहली रात को सबसे छोटा देवर लाड़ के साथ हमारे साथ सोया।

गौतम में इतना साहस नहीं था कि वह उसे मना कर पाता। सब हँस रहे थे और गौतम खिसिया रहा था।

सुना था कि यह हाल कोलकाता और मुम्बई जैसे बड़े शहरों का है जहाँ नव-दम्पतियों को एकान्त नहीं मिलता। कोलकाता के पार्क और मुम्बई के बीच इस बात के गवाह हैं कि हर शाम यह जोड़े इन्हीं जगहों पर एकान्त ढूँढ़ते हुए अँधेरा घिरने का इन्तज़ार करते हैं।

दिल्ली में यह सब सम्भव नहीं। कहने को तो दिल्ली तहज़ीब-याफ़्ता लोगों और दिलवालों का शहर है लेकिन यहाँ नैतिकता की रक्षा करने वाले पहरेदार बहुत हैं। न काम न धाम, हम हैं दिल्ली के रखवाले।

शादी का लाइसेंस मिलने के बाद भी देह की ज़रूरत प्यार के साथ पूरी न हो तो फ्रस्ट्रेशन आना स्वाभाविक है।

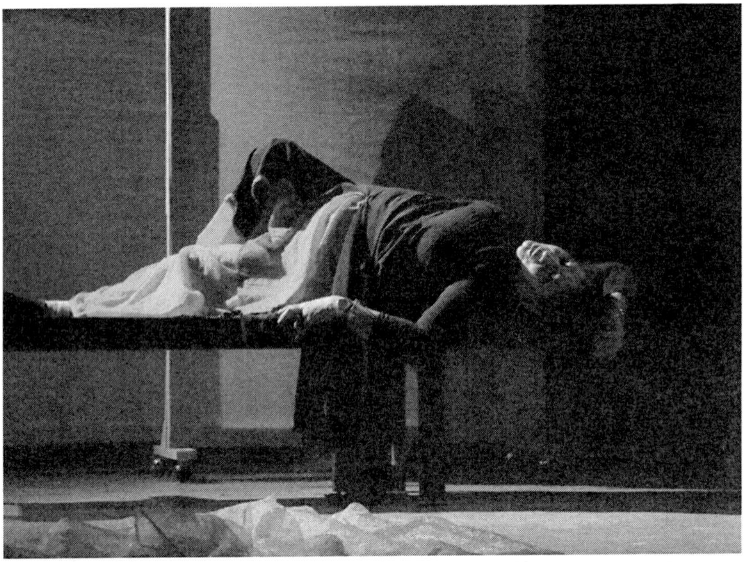

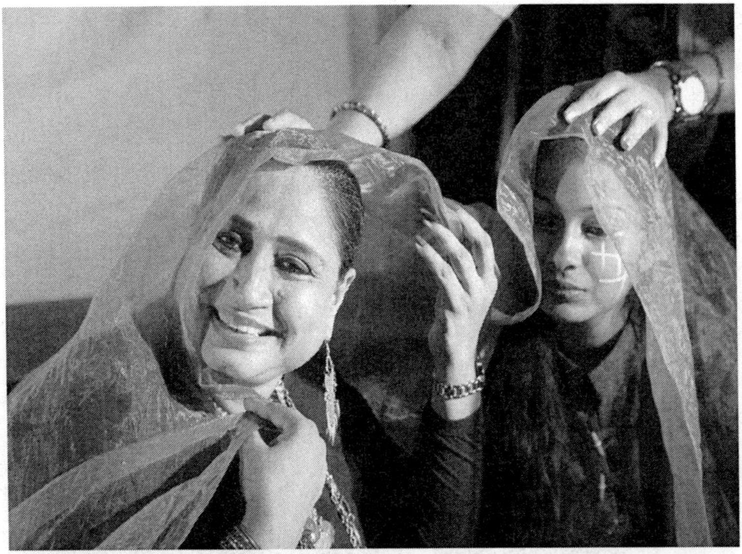

वह हो रहा था। मुझमें भी और गौतम में भी। यह फ्रस्ट्रेशन कई-कई तरह से निकलने लगी और प्यार की जगह एक तनाव घर करने लगा। शादी का मतलब अब था सुबह-सुबह फ़ारिग होने के लिए लाइन लगाना, सबके लिए नाश्ता बनाना, बच्चों को स्कूल भेजना और फिर भाग-भागकर अपने ऑफ़िस पहुँचना। बेशक गौतम कभी-कभी मेरी मदद करता लेकिन घर में और लोग भी तो थे। माँ जी ने समझ लिया कि एक नौकरानी मुफ़्त में मिल गयी है, जो घर का काम करने के साथ-साथ पैसे भी कमाकर लाती है। परिवार में सबकी ज़रूरतें अचानक बढ़ने लगीं।

मैं यह सब सिर्फ़ नवीन से साझा कर सकती थी। वह कहता कि मैं तो पहले ही कहता था कि सोच लो। तुमने अपनी माँ की भी नहीं सुनी। यह फ़ैसला तुम्हारा था तो अब तुम्हें ही यह सब भुगतना है।

'भुगतना' शब्द मुझे बहुत चुभा। शादी यह सब भुगतने के लिए की जाती है क्या? वे मधुर सपने, वो मिलन की बातें, वो प्यार का नशा सब टूटने लगा। बावजूद इसके मैंने सब सँभालने की हिम्मत कर ली और एक दिन बीमार पड़ गयी।

इलाज के नाम पर सरकारी डिस्पेंसरी। लाइनें। यह सब मुझे मंज़ूर नहीं था। मैंने एक प्राइवेट डाक्टर से अपना इलाज करवाया और तबीयत सुधरने भी लगी। मेरा यह क़दम घर में किसी को भी अच्छा नहीं लगा। ताने पड़ने लगे। दु:ख सब हदें पार करने लगा। कहते हैं न कि दर्द जब हद से गुज़र जाता है तो दवा हो जाता है। हद से गुज़र तो रहा था लेकिन दवा नहीं हो रहा था। झगड़ा बढ़ता रहा। पास की एक कॉलोनी में गौतम के दादा ने कभी एक प्लॉट लेकर छोटा-सा मकान बनवा लिया था। अब उसका किराया आता था और घर के ख़र्च कुछ हद तक पूरे होते। मेरा सारा पैसा भी घर में ख़र्च हो जाता। गौतम चाहता कि हम अपना बच्चा करें। मैं सुनकर ही सहम जाती। घर में पहले से ही ग्यारह जीव हैं। एक और।

मेरी सास हर माह पूछती, 'कुछ है?'

मैं न में सिर हिला देती। सास की त्यौरियाँ चढ़ जातीं। उसे शायद लगने लगा कि मैं कहीं बाँझ तो नहीं?

आख़िर उसने एक दिन कह ही दिया कि, 'बहू किसी डाक्टर को दिखाओ। कहीं बाँझ तो नहीं हो?'

अब मुझसे रहा नहीं गया, 'कमी आपके बेटे में भी तो हो सकती है, माँ जी!'

बस, माँ का पारा सातवें आसमान पर, 'मेरे बेटे पर लाँछन लगाती है।' और

अनाप-शनाप जो भी मुँह में आया, वो बोलती रहीं। मैं घर से बाहर निकल गयी।

दिक़्क़तें बढ़ती ही जा रही थीं। जब घर के झगड़े बहुत बढ़े तो हमने हारकर गौतम के दादावाले मकान में ही शिफ़्ट कर लिया। इस शर्त के साथ कि जो किराया मिल रहा है, वह हम देते रहेंगे।

हम भले ही एक छत के नीचे रहते थे लेकिन थे अकेले।

गौतम को लगता कि मैंने उसे परिवार से अलग कर दिया है। मैंने अपना वायदा नहीं निभाया। एक ख़ामोशी हम दोनों के बीच पसरी रहती।

साथ रहते हुए भी अकेले होने का दर्द। काम करते हुए भी निकम्मा महसूस करने का दर्द।

दर्द की इन्तहा कला को जन्म देती है। कलाओं में आदमी जाता ही इसलिए है कि वह मरना नहीं चाहता। मुझमें कला का एक सोता था, जो हालात मिलते ही फूटने लगा। सबसे पहले जन्म हुआ था कविता का। एक दिन अकेले में अचानक गुनगुनाने लगी–

जब-जब मैंने व्यथा को अपनी कविता के स्वर देने चाहे
तब-तब भाव उमड़ आये और शब्द मेरे लँगड़ा जाते हैं।
ज्वाला से लहराकर उठते, कुछ अतीत के चित्र क्वाँरे
मैं ढूँढ़ा करती उपवन में, लुप्त नदी के लघु कगारे
कुछ छींटे शीतलता के, जब देती हैं ठण्डी आहें
उसी समय स्वर पीड़ा के, उभर-उभरकर आ जाते हैं
शब्द मेरे लँगड़ा जाते हैं...

(इन्दु गीत की धुन में है। उसी धुन में कुछ गुनगुनाती रहती है)

मैं हैरान थी कि अचानक कविता का यह सोता कहाँ से फूट पड़ा। वाल्मीकि ने 'मा निषाद' से कविता की शुरुआत की थी। महाकवि ने एक पक्षी की पीड़ा देखी और पहला श्लोक रच दिया।

मेरा दर्द सिर्फ़ मेरा था। क्या इसे कोई सामाजिक विस्तार मिलेगा?

नवीन को गीत की शुरुआत सुनाई तो उसने पन्त की कविता का एक अंश सुना दिया–

'वियोगी होगा पहला कवि
आह से उपजा होगा गान

उमड़कर नयनों से चुपचाप
बही होगी कविता अनजान।'

मुझे पहली बार लगा कि जीवन में मैंने एक बहुत बड़ा ग़लत फ़ैसला ले लिया है। नवीन को मैं मन से भाई मान चुकी थी। मन के कोने टटोले तो लगा कि शायद नवीन मेरे लिए सही चुनाव होता। उसे कविता से प्यार है, कलाओं में जीता है, पढ़ने की लत है उसे। कई बार वह नयी से नयी किताब मेरे लिए लाता। मुझे पढ़ने का वक़्त मिले तब न!

सारा दिन दफ़्तर का फ़ोन। शाम को गौतम के पिता और माँ से मिलना। बच्चों की ज़रूरतें देखना और फिर लौटकर अपने घर या कहिए कि मकान पर लौटना। हम दोनों के बीच पसरी हुई चुप्पी और भी गहरी हो रही थी। बस बहुत ही काम की बात हो, तो हो।

धीरे-धीरे गौतम के परिवार का दख़ल यहाँ भी बढ़ने लगा और चुप्पी युद्ध में बदलने लगी। इतनी कि एक दिन गौतम ने मुझ पर हाथ उठा दिया।

चाहती तो पुलिस बुला सकती थी, नहीं बुलायी। नहीं चाहती थी कि तमाशा हो। उसे चेतावनी ज़रूर दी लेकिन उसकी हिम्मत बढ़ती गयी।

नवीन एक दिन घर तब आया, जब गौतम घर नहीं था। मैंने उसे कहा कि, 'अब तो मोबाइल फ़ोन आम बात हो गयी है। एक फ़ोन मुझे भी लाकर दो न!'

उसने एक फ़ोन ला दिया। गौतम का पारा माँ की तरह ही सातवें आसमान पर था।

'इतनी मामूली-सी बात पर नाराज़ क्यों हो, तुम रख लो, मैं और ले लूँगी।' मैंने कहा। उसने घूरा और घर से बाहर निकल गया।

मैंने सचमुच कोई ग़लती कर दी थी क्या? क्या इतना भी हक़ नहीं मुझे कि मैं अपने छोटे-छोटे शौक़ पूरे कर सकूँ। आदमी ऐसा क्यों सोचता है कि हर फ़ैसले से पहले उसी से पूछा जाये?

मैंने एक मोबाइल माँ को भी ला दिया। इस तरह से कभी माँ तो कभी नवीन से बातें करते हुए ख़ाली वक़्त कटने लगा।

नवीन के हाथ में एक दिन किताब दिखी 'दि सेकेंड सेक्स'। मैंने पढ़ने की इच्छा ज़ाहिर की। उसने दे दी।

गौतम को जब वह किताब दिखी तो वह बिफर पड़ा। चिल्लाया, 'नवीन लाया है न। अब तुम ऐसी किताबें पढ़ोगी।'

मैंने पूछा, 'तुम्हें पता भी है कि क्या है इस किताब में?' वह जवाब देने की जगह चिल्लाया, 'नवीन तुम्हारा क्या लगता है?'

'भाई है मेरा।'

'भाई' के साथ ही एक बहुत विषैली हँसी। उसका चेहरा विकृत हो गया था। मैंने नवीन को बताया तो वह गौतम के साथ ही घर आ गया। अपनी जेब से मौली निकाली और मुझे कहा कि आज रक्षाबन्धन तो नहीं है लेकिन रिश्ता बनाने के लिए दिन का इन्तज़ार क्या करना!

मैंने गौतम की ओर देखा। वह ख़ामोश था।

मौन स्वीकृति का लक्षण है, यह मानकर मैंने मौली को चूमकर नवीन के हाथों पर बाँध दिया और इस तरह से हमारे रिश्ते पर रीति-रिवाज की मोहर लग गयी। मेरे मन में अचानक 'चित्रलेखा' फ़िल्म का यह गीत कौंध गया–

ये पाप है क्या यह पुण्य है क्या रीतों पर धर्म की मोहरें हैं।

अब नवीन एक भाई के रूप में अक्सर घर आने लगा।

गौतम का शक कम नहीं हुआ था।

मैं बहुत दुविधा में थी। जिसे मैंने सिर्फ़ प्यार नहीं किया, पूजा है, उसी का विद्रूप चेहरा मेरे सामने आ रहा है।

क्या उसकी ज़िन्दगी में कोई और आ गयी थी?

क्या मैं उसके मन से उतर गयी थी?

एक कॉम्प्लेक्स मेरे मन में भी था। सुन्दरता। देह की सुन्दरता। क्या ऐसा तो नहीं कि गौतम सुन्दर लड़की की तलाश करने लगा था? क्या वह एकदम बदल रहा था?

बहुत सारे सवाल एक साथ ज़ेहन में आते लेकिन कोई जवाब नहीं मिलता। दिमाग़ थक जाता तो सो जाती। पढ़ने लगती तो पढ़ने में मन नहीं लगता। कोशिश करके किताब में दाख़िल होने लगी।

'सेकेंड सेक्स' पढ़ने लगी। जैसे-जैसे पढ़ती गयी, पुस्तक की लेखक सिमन द बउआ की मुरीद होती गयी। मेरी बनी-बनायी मान्यताएँ टूट रही थीं। जहाँ बातें समझ नहीं आतीं, नवीन मदद करता। गौतम से भी कहा था मैंने कि उसे यह किताब पढ़नी चाहिए। लेकिन उसकी पहुँच तो सिर्फ़ मन्दिर में हो रही आरती तक थी। इस किताब ने मेरी सोच के नये द्वार खोल दिये। दिमाग़ की खिड़कियाँ सचमुच बजने लगीं।

उसके बाद उसने एलिज़ाबेथ गोल्ड डेविस की किताब 'द फ़र्स्ट सेक्स' लाकर दी। यह नारी स्वातंत्र्य का दूसरा दौर था। वह बताती हैं कि विकास के क्रम में पहले नारी ही परिवार की मुखिया होती थी। नारी का वर्चस्व पुरुषों को यह बर्दाश्त नहीं हुआ और उन्होंने धीरे-धीरे पुरुष-वर्चस्व को स्थापित कर दिया। अब परिवार पुरुष के नाम से जाना जाने लगा।

शारीरिक सबलता का यह एक संस्कृति-विहीन वितान था, जिसके नीचे धीरे-धीरे नारी घिरती चली गयी।

सुरक्षा और शोषण साथ-साथ जीने लगे।

मैं इन बातों की चर्चा किससे करती। किससे करती बहस। गौतम तो पढ़ता नहीं था। उसे मैं कोई तर्क देती तो वह सीधा कहता, 'यह नवीन है न जो सारी पट्टी पढ़ा रहा है तुम्हें।' एक दिन तो हद ही हो गयी। बहस शुरू हुई घर से और जा पहुँची नवीन के घर आने तक। वह चिल्लाया, 'जब मन करता है, मुँह उठाकर इधर चला आता है। किसलिए?'

'मन की बात होती है उससे। भाई है मेरा।'

'भाई! दिन में भैया, रात में सैंया...' कहकर वह ज़ोर से हँसा। विद्रूप हँसी।

'गौतम', मैं ज़ोर से चिल्लायी थी।

'सच्ची बात बुरी लगती है न।'

पानी सिर से निकल रहा था।

'तुम मुझ पर शक कर रहे हो?'

'अब तो मुझे विश्वास होने लगा है।'

'तुम इतना गिर सकते हो, ऐसा मैंने कभी सोचा नहीं था। जानते भी हो तुम क्या कह रहे हो। तुम मेरी शुचिता पर सवाल खड़ा कर रहे हो। मेरी कांशस मेरे साथ है।'

'कांशस! मतलब भी जानती हो कांशस का?'

'बहुत हुआ गौतम, अब और नहीं, बहुत सहा है मैंने। तुम्हारा परिवार, दस लोग। सारा पैसा तुम्हें देती रही। रोज़ घर से होकर यहाँ आती हूँ। दफ़्तर में काम, वहाँ काम, यहाँ काम और फिर तुम्हें बिस्तर में भी मैं मिलूँ। इतना काम तो कोई मशीन भी नहीं कर सकती। तुम हो कि वायलेंस पर उतर आते हो। जानते भी हो तुम पर डोमेस्टिक वायलेंस का आरोप लगा सकती हूँ। अभी पुलिस को बुला लूँ तो तुम लॉक-अप में होगे।'

वह थोड़ा डर गया था, लेकिन रुका नहीं , 'बुलाओ पुलिस, बुलाओ, देखता हूँ, तुम भी कहाँ तक गिरती हो, बुलाओ।'

अब तो मोबाइल भी मेरे पास था। पुलिस को कॉल कर सकती थी लेकिन यह लोकलाज थी और गौतम से रिश्ता टूटने का डर कि मैंने कॉल नहीं की। गौतम की हिम्मत और भी बढ़ गयी। उसे लगा, मैं डर गयी हूँ।

बोला, 'क्यूँ, हिम्मत नहीं हो रही कॉल करने की तो अपने उस यार नवीन को बुला लो।'

इससे ज़्यादा सुनने की हिम्मत मुझमें नहीं थी। जैसे ही मैंने मोबाइल उठाया, वह चीते की तरह से मुझ पर झपटा और मेरे हाथ से मोबाइल छीनकर दीवार पर दे मारा। मोबाइल टुकड़े-टुकड़े होकर बिखर गया।

मुझे लग रहा था कि आज रात कुछ भी हो सकता है। यह आदमी मेरी हत्या भी कर सकता है। मैं बेहद डर गयी थी और देर रात को ही घर से बाहर निकल गयी। शोर मचाना शायद मेरी तहज़ीब में नहीं था।

मैंने अपनी सहेली वीना के घर रुख़ किया। जैसे-तैसे रिक्शा करके उसके घर पहुँची। इतनी देर रात मुझे अपने घर आया देख वह भी हैरान हो गयी।

पूछा, 'क्या हुआ, सब ठीक तो है न! इतनी रात?' मेरे पीछे-पीछे उसका पति हरीश भी आ गया।

पानी पिया। थोड़ा-सा सँभली और सारी बात विस्तार से उन दोनों को बतायी। हरीश का मानना था कि अभी भी पुलिस बुलाओ। अपने घर पर अपना अधिकार मत छोड़ो। लड़ाई तो वहीं होगी।

'नहीं, जीजा जी, पुलिस क्या करेगी। मेरा मन नहीं मान रहा। रिश्ता तोड़ना उतना मुश्किल नहीं, जितना रिश्ते को जीना। रिश्ता जीने में मुश्किलें हैं तो साथ में सुख भी है और तोड़ने में केवल और केवल दुःख।'

हरीश अपने कमरे में चला गया। वीना ने चाय पिलायी।

'इन्दर को पता है, और माँ...'

'नहीं माँ बहुत दुखी होगी। मैं तेरे पास ही चली आयी हूँ।'

'तो चल अब थोड़ा आराम कर ले। सुबह सोचते हैं कि क्या करना है। चल उठ, हाथ-मुँह धो, मैं चाय बनाती हूँ। कपड़े देती हूँ तुझे, बदल ले।'

वह चाय बनाकर ले आयी। हम दोनों उसी कमरे में लेट गये। मैंने उसे कहा भी कि वह अपने हरीश के पास चली जाये, लेकिन वह नहीं मानी।

थोड़ी देर में वह सो भी गयी लेकिन मेरी आँखों में नींद कहाँ?
मैं बहुत कंफ़्यूज़्ड थी। सोचा कि यह मन क्या है? कांशसनेस क्या है? आत्मा क्या है? रूह क्या है? इन सभी बातों पर नवीन से चर्चा होती थी। इतने कष्ट में मुझे यह सब याद क्यों आ रहा है।
नवीन की बहुत-सी बातें याद आ रही थीं। वह कहता था कि मन हो या कांशसनेस, आत्मा हो या रूह, अगर देह है तो यह सब हैं। आत्मा और रूह एक कल्पना है। जो लोग आत्मा और रूह का अस्तित्व मानते हैं, वे कहते हैं कि आत्मा और रूह देह में है और देह से परे भी। देह नहीं है तो भी आत्मा और रूह हैं।
नवीन कहता 'आत्मा और रूह मनुष्य की एक बड़ी कल्पना हैं। तर्क से परे। केवल विश्वास के सहारे जीती है आत्मा और विश्वास के सहारे ही जीती है रूह।'
'और कांशस?'
'कांशस या चेतना भी तब तक है, जब तक देह है।'
'देह से परे क्या है?'
'कल्पनाएँ बहुत हैं लेकिन हक़ीक़त से अभी भी हम दूर हैं। मनुष्य रहता है तो कांशस भी रहती है, वह नहीं रहता तो भी कांशसनेस समाज में जीती है। इसे हम क्लेक्टिव कांशस भी कह सकते हैं। यह हमेशा विकसित होती रहती है। हर नये बच्चे को कांशस का विकसित रूप मिलता है।'
मैं नवीन की बातें ध्यान से सुनती थी। नहीं जानती थी कि वह ग़लत सोचता है या सही। नहीं जानती थी कि वह ग़लत है या हमारा समाज। समाज। कौन सा समाज? हिन्दू समाज? मुस्लिम समाज? ईसाई समाज? बौद्ध समाज? या कोई और समाज?
मैं भयंकर तर्कजाल में फँसती जा रही थी।

आज जब नवीन की यही बातें सोचती हूँ तो घर से मिले दुःख के बावजूद मेरे मन की इन बातों ने कुछ सुकून दिया। यह बातें दुनियावी बातों से कुछ परे थीं। मन, आत्मा, चेतना, कांशस और रूह के चक्र में घूमते हुए कब मेरी आँख लग गयी। मुझे पता नहीं चला।
अगली सुबह से मेरी दुनिया बदलने लगी। वीना, हरीश, नवीन, इन्दर सभी इस पक्ष में थे कि ऐसे आदमी के साथ रहने का अब कोई औचित्य नहीं, जिसने

अपनी पत्नी को देर रात घर से बाहर जाने दिया। केवल मेरी माँ मेरे साथ थी कि नहीं जल्दबाज़ी में कोई फ़ैसला नहीं लेना चाहिए। हरीश एक सरकारी ऊँचे ओहदे पर था। वह मेरे लिए बहुत कुछ करना चाहता था, लेकिन मैं ही उसे बरज देती। दो दिन के बाद मैं अपनी माँ के पास जाकर रहने लगी।

'मैं तो पहले ही कहती थी, इन्दु, जहाँ शादी से पहले ही रिश्तों में खटास आ जाये, वहाँ शादी नहीं करनी चाहिए।'

'हाँ माँ, मेरे साथ ऐसा हुआ है तो तुम यह बात कह सकती हो, लेकिन ज़रूरी नहीं कि तुम्हारा तजुर्बा मेरे काम भी आये।' माँ अपनी जगह सही थी और मैं ख़ुद को ग़लत मानने के लिए तैयार नहीं थी।

बता चुकी हूँ कि मैं और गौतम एक ही दफ़्तर में थे। उस दिन के बाद से वह छुट्टी पर था। उसने नवीन से भी दोस्ती ख़त्म कर दी थी।

मुझे चिन्ता होती लेकिन उस रात के बारे में सोच-सोचकर मन विचलित हो जाता।

अभी मेरी उम्र ही क्या थी? तलाक़ भी एक रास्ता था। दूसरी बार शादी भी। सभी अपने-अपने तरीक़े से दबाव बना रहे थे। माँ सोचती कि बेटी का घर एक बार फिर बसाकर वह चैन से इस दुनिया को अलविदा कह सकती थी। इन्दर सोचता कि मैं घर से निकलूँ तो वह अपना घर बसा सके। वीना ने जब बहुत बार कहा तो एक दिन मैंने ही उससे पूछा, 'वीना, स्त्री की शुचिता का कोई मतलब है कि नहीं?'

वह ज़ोर से हँसी, 'किस ज़माने की बात कर रही हो तुम। तुम एकदम पिछड़ी हुई हो। हमारी ऐसी ही सोच का यह पुरुष लोग नाजायज़ फ़ायदा उठाते हैं। एक ओर तुम सिमन द बउआ और एलिज़ाबेथ को पढ़ती हो और दूसरी ओर ऐसी बातें!'

परिवार से मिले संस्कार। मैं तो विवाह को जन्म-जन्म का बन्धन मानती थी। वीना कहती, 'नहीं, विवाह एक सामाजिक समझौता है। धर्म और क़ानून की मोहर है उस पर। विवाह एक दायित्व है लेकिन ग़ुलामी नहीं है विवाह।'

मैं सचमुच उसके तर्कों के आगे निरूत्तर हो जाती लेकिन अपने दिल के हाथों मजबूर।

किसी से बात होती तो कोई सीता की मिसाल देता, कोई सावित्री की, कोई अनसूया तो कोई गान्धारी की।

मैं पूछती, 'और द्रौपदी?'

कुछ हँस देती, कुछ कहती 'द्रौपदी ही स्त्री-स्वातंत्र्य का प्रतीक है।'

'मुझे नहीं बनना सीता, न सावित्री या अनसूया। गान्धारी तो हमारे समाज के साथ किया गया एक छल है। और द्रौपदी! वो भी क्यों?

मुझे आप इन्दु ही बना रहने दीजिए। अपनी पहचान और अपनी इयत्ता के साथ खड़ी इन्दु।' मेरी बात उन्हें समझ नहीं आती और मुझे उनकी।

एक दुविधा का झूला था
उसकी एक हिंडोल इधर होती
और एक उधर।
मेरा मैं था उस झूले पर सवार
कभी ऊपर, कभी नीचे
कभी और ऊपर, कभी और नीचे
कभी डर और कभी रोमांच था
झूले के हर हिंडोल के साथ
इस पार या उस पार होकर जीना आसान है
मुश्किल है जीना दुविधा के झूले में
बैठकर हवा में रहने के ख़तरे हैं कई एक साथ
ज़मीन की ठोस सच्चाइयाँ
हमसे परे होती हैं
हम हवा और सच्चाई के बीच
पुल बनाते-बनाते हाँफ़ जाते हैं
ऐसे ही हाँफ रही थी मैं।
कभी इस ओर, कभी उस ओर।

यह हाँफना उस दिन कुछ देर के लिए रुका, जिस दिन इन्दर ने तलाक़ की डिक्री मेरे हाथ में रख दी।

मेरे और गौतम के बीच के सारे पुल बह चुके थे। वह अब अपने किये पर पछता भी रहा था। एक बार मैं माँ और परिवार के ख़िलाफ़ जाकर गौतम के साथ विवाह कर चुकी थी। दूसरी बार साहस नहीं हुआ कि गौतम को एक अवसर और दूँ।

पानी सर से निकल चुका था न!

मैंने न उससे पैसे लिये, न ही किसी और तरह की तकरार। बस ख़ामोश रही। यह सारा काम वीना और इन्दर ने मिलकर किया था। उन्होंने ही वकील किया। वही कोर्ट में जाते रहे। मैं दो-चार बार गयी। काउंसलिंग में भी गयी। यहीं गौतम से मिलना हो रहा था। अब मुझे उस पर दया आ रही थी लेकिन मैं दया करके सेल्फ़-पिटी का तमग़ा नहीं जीतना चाहती थी। दो साल का वक़्फ़ा और क़ानूनन तलाक़ हो गया। दुविधा से बाहर आ चुकी थी मैं।

बस अब आगे का कोई रास्ता ढूँढ़ना था।

आगे का रास्ता किधर जायेगा, यह तय करना इतना आसान भी नहीं था। इन्दर की शादी हो गयी। भाभी से कुछ दिन निभा लेकिन उसे मैं घर में एक दख़ल-अन्दाज़ी करने वाली चीज़ लगती थी। मैंने चुपके से अलग से एक छोटा-सा मकान ख़रीद लिया और माँ को लेकर वहीं रहने लगी। ज़िन्दगी सुकून से कटने लगी।

सुकून से रहना
सबको नसीब नहीं होता
एक दोराहे से निकालकर
किसी को दूसरे दोराहे पर खड़ा कर दिया जाये
तो जो हाल होगा उसका
वही हाल मेरा हो रहा था।
इन्दर और वीना ने मिलकर किया था यह सब
इस बीच मैंने एक काम ज़रूर किया था
नौकरी के साथ-साथ
बच्चों के लिए काम कर रहे
एक एनजीओ के साथ
जुड़ गयी थी
ज़िन्दगी को कुछ मायने मिलने लगे।

उस दिन तो हद ही हो गयी जब इन्दर ने पत्रों का एक पुलिन्दा मेरे सामने रख दिया। मैं अभी सबब पूछने ही वाली थी कि वीना भी एक पुलिन्दा और लेकर आ गयी।

'यह सब क्या है?'

'चिट्ठियाँ!' वीना ने कहा और बता दिया कि उसने और इन्दर ने मिलकर यह तय किया है कि अब तुम दूसरी शादी कर लो।

मैं बिफर गयी, 'तुम कौन होते हो तय करने वाले। मेरी ज़िन्दगी है, कैसे जीनी है, यह भी मैं ही तय करूँगी न!'

'अरे वाह महारानी, मुसीबत में हम और अब मैं-मैं...बड़ी आयी मैं-मैं करने वाली।'

वीना की दोस्ती पर ग़ुस्सा भी आ रहा था और नाज़ भी हो रहा था। कितने अधिकार से बात कर रही थी। बड़ी बहन भी ऐसा न कर पाती। मैं सोच में पड़ गयी।

नवीन भी आ गया।

मुझे लगा कि यह नाटक के सभी पात्र अपनी-अपनी बारी से इंट्री मार रहे हैं। नवीन को देखकर मैं हँसने ही लगी, 'सब समझ में आ रहा है। यह सब तुम लोगों की मिलीभगत है। तुम क्या समझते हो, जैसा तुम लोग चाहोगे, मैं वैसा ही करूँगी।'

नवीन वैसे तो ख़ून के रिश्ते को ही असली रिश्ता मानता था लेकिन मुझे ऐसा कभी अनुभव नहीं हुआ कि उसने मुझे सगी बहन से कमतर माना हो। उसकी नज़रें मुझ पर इनायत थीं या मैं अपने स्वार्थवश वही देखना चाहती थी, जो मुझे सूट करता था।

ख़ैर। गौतम शरीरी तौर पर मेरी ज़िन्दगी से बाहर हो चुका था लेकिन–

यादें

यादों का संसार बड़ा विचित्र होता है

उसकी शैतानियाँ कई बार मुझे उसकी नादानियाँ लगतीं

और मैं बार-बार दुविधा के झूले पर सवार हो जाती

वक़्त गुज़रता रहा। नवीन, इन्दर, वीना, माँ सबने धीरे-धीरे असर करना शुरू किया और मेरा मन बदलने लगा।

रात को ली हुई करवटें एक बार फिर किसी का इन्तज़ार करने लगीं। कई बार लगता कि किसी और पुरुष के साथ जाकर लेटना, वह कहीं नैतिकताओं का विखण्डन तो नहीं?

ऐसे भारी-भारी शब्द मेरे ज़ेहन में आने लगे थे। यह सब पढ़ी हुई किताबों का नतीजा था। हर किताब अलग तरह से कुछ कहती है लेकिन मुझे तो अपनी किताब ख़ुद बनना था। मुझे अपना रास्ता ख़ुद चुनना था।

एक दिन जब उन्होंने एक रेस्तराँ में मुझे कमल नाम के एक व्यक्ति से मिलवाया तो पहली ही नज़र में वह मुझे बहुत सौम्य, ठहरा हुआ और समझदार लगा। लेकिन उससे शादी तो नहीं की जा सकती थी न। मैंने मना कर दिया और बात वहीं ख़त्म हो गयी।

मैं नयी दिल्ली स्टेशन के प्लेटफ़ार्म नम्बर एक पर खड़ी हुई ट्रेन का इन्तज़ार कर रही थी।

एक फुसफुसाती-सी आवाज़ मेरे कानों में पड़ी, 'इन्दु'

एक बार तो मैंने ध्यान नहीं दिया। दूसरी बार जब फिर इन्दु शब्द सुनाई दिया तो मैंने पलटकर देखा और एकदम फ्रीज हो गयी। मेरे सामने गौतम खड़ा था। मैं थोड़ा हटकर एक ओर खड़ी हो गयी। सोचने लगी, जब हमारा तलाक़ हो चुका है तो उसने मुझे बुलाया भी क्यों? गुज़रा हुआ वक़्त बहुत तेज़ी से मेरे सामने एक फ़िल्म की तरह से घूमने लगा।

उसने फिर कहना शुरू किया, 'इन्दु, मैं जानता हूँ कि हम दोनों के बीच क़ानूनी और समाजी तौर पर सब ख़त्म हो चुका है, जानता हूँ कि मैंने तुम्हारे साथ क्या...' *(पाज़)*

'क्या किसी का इन्तज़ार कर रही हो?'

मैंने अनमने भाव से कहा, 'हाँ!'

तभी अनाउंसमेंट होने लगी कालका से चलकर दिल्ली आने वाली गाड़ी अपने निर्धारित समय से एक घण्टा लेट चल रही है।

'शायद इसी गाड़ी का इन्तज़ार है तुम्हें!'

'हाँ!'

'क्या हम कैफ़े में एक-एक प्याला कॉफ़ी नहीं पी सकते!'

मुझे इसमें कुछ बुरा नहीं लगा। कैफ़े प्लेटफ़ार्म नम्बर एक पर ही था। हम वहीं बैठ गये। काफ़ी भी आ गयी और सैंडविच भी।'

हम दोनों के बीच
एक ठण्डी ख़ामोशी पसरी हुई थी
गरम कॉफ़ी और ठण्डी ख़ामोशी के बीच
हमारे अतीत की कुछ तस्वीरें
तैर रही थीं।

उन बदरंग तस्वीरों का अब मैं क्या करूँ?

वह कॉफ़ी पीने लगा। मैं अनमनी-सी बैठी रही। कॉफ़ी तो पी लो, इसने तुम्हारा क्या बिगाड़ा है।'

अच्छा तो यह ह्यूमर भी मारने लगा है। मैं भी कॉफ़ी पीने लगी और उसके हर सवाल का जवाब हाँ, हूँ में देती रही।

सवाल भी क्या थे। इन्दर कैसा है? माँ कैसी है? तुम कैसी हो? और फिर आख़िर में एक चुभता हुआ सवाल।

'जानती हो जबसे हम अलग हुए हैं, मैं लगातार एक पछतावे की आग में जल रहा हूँ। मैंने तुम्हारे साथ बहुत ज़्यादती की है। जानता हूँ कि पुरुष होने का दम्भ मुझ पर हावी हो गया था। मेरी परवरिश ही कुछ ऐसी हुई है, जहाँ यत्र नार्यस्तु पूज्यन्ते, रमन्ते तत्र देवता की बात तो की जाती है लेकिन स्त्री को सम्मान कैसे देना चाहिए, यह नहीं सिखाया जाता।'

मैं सुनती रही। इस बार मैंने कहा, 'यह सारा थीसिस ही ग़लत है। हमारे स्मृति-ग्रन्थ अपने समय के लिए ठीक रहे होंगे। आज दुनिया बदल चुकी है। लोगों की सोच बदल चुकी है और ख़ासतौर पर कामकाजी और आर्थिक रूप से आत्मनिर्भर महिलाओं की सोच तो बहुत बदल चुकी है। कोई मेरी पूजा करे, यह मुझे पसन्द नहीं। मैं कोई प्रतिमा नहीं कि पूजी जाऊँ। मैं हाड़-मांस का मनुष्य हूँ। मेरे पास भावनाओं का संसार है।'

मैं बोल रही थी। वह सुन रहा था, 'स्मृतियाँ, श्रुतियाँ ही तो हमारे समाज का, क़ानून का निर्माण करती हैं। करती हैं न! लेकिन अब यह काफ़ी नहीं हैं। इन्हें बदलने की ज़रूरत है। बहुत कुछ बदला भी है। बदल भी रहा है लेकिन हमारे अन्दर बैठा आदिम भाव बार-बार सिर उठाता है।'

मैं ऐसी बातें कैसे करने लगी थी। अनुभव, अध्ययन, मनन...फ़िर भारी शब्द...

इस बार मैंने उसके परिवार का हाल जाना।

'परिवार के बारे में ऐसा सोचती हो तो हम क्यों न एक बार फिर से शुरू करें?'

मैं हतप्रभ रह गयी–ऐसा भला होता है क्या?

वह मेरी तरफ़ देखता रहा और मैं ख़ामोश बैठी रही।

तभी अनाउंसमेंट फिर सुनाई देने लगी–यात्रीगण कृपया ध्यान दें, कालका से चलकर दिल्ली आने वाली गाड़ी प्लेटफ़ार्म नम्बर एक पर आने वाली है।

'चलूँ!'

'तुमने मेरे सवाल का जवाब नहीं दिया?'

'इसी गाड़ी से कमल आ रहे हैं। मैं उन्हें ही लेने आयी हूँ।'

'कमल!'

'हाँ, मेरे पति।'

गौतम के चेहरे का रंग एकदम सफ़ेद हो गया था। मैं ख़ुश हो रही थी या नहीं, कह नहीं सकती। उसकी बहुत ही हल्की-सी आवाज़ मुझे सुनाई दे रही थी।

तो तुमने अपना रास्ता चुन लिया है।

हाँ, तुम भी अपना रास्ता चुन लो।

कोई और रास्ता नहीं था क्या?

(प्रकाश मन्द होता है)

(पार्श्व गीत)

वक़्त गुज़रता है, उम्र भी ढलती है
वक़्त और उम्र के दो पहियों पर
यह ज़िन्दगी चलती है।

(धीरे-धीरे प्रकाश बढ़ता है)

आज जहाँ मैं खड़ी हूँ। आपके सामने। बीस साल हो गये हैं कमल के साथ। एक साल बाद ही जुड़वाँ हुए हमारे। एक लड़का, एक लड़की। दोनों उच्च शिक्षा के लिए विदेश में हैं। हम दोनों यहाँ। कमल बहुत बड़े बिज़नेसमैन हैं। उनसे विवाह के कुछ दिन बाद ही मैंने नौकरी छोड़ दी थी। उनके साथ ही काम सँभालने लगी।

ख़ूब पैसे के साथ-साथ ख़ुशियाँ भी हैं हमारे पास।

और सामाजिक विस्तार!

हुआ न। एक कला-केन्द्र, जिसे नवीन चलाता है और बच्चों के लिए एक एनजीओ, जिसे मैं देखती हूँ।

बस एक सीख मिली मुझे अपने जीवन से। बड़ी सीख।

किसी नये रास्ते को तलाश करने से पहले ही नकारना नहीं चाहिए।

अन्तराल
(बहुपात्रीय नाटक)

'अन्तराल' के कई आयाम

एक पीढ़ी और दूसरी पीढ़ी के बीच मूल्यों का अन्तराल आता ही है। यह सतत चलने वाली एक प्रक्रिया है। संक्रमण और परिवर्तन दोनों साथ-साथ चलते हैं। यही इस नाटक का विषय है लेकिन मूल्यों में परिवर्तन और मूल्यों के बीच अन्तराल का एक आयाम और भी है।

एक पीढ़ी तथा दूसरी पीढ़ी के बीच समय का अन्तराल भी बहुत कम हो गया है। कारण है टेक्नोलॉजी। टेक्नोलॉजी बहुत ही जल्दी विचारों के आदान-प्रदान का मंच तो देती ही है, एक देश से दूसरे देश तथा एक समाज से दूसरे समाज के बीच बढ़ती आवाजाही की सुविधा भी देती है। इस तरह से वह वैचारिक परिवर्तन में अपनी भूमिका निभाती है।

इस नाटक में भी आप देखेंगे कि एक ओर तो माँ के रूप में मंजु और उसके पुत्र गौरव में सोच का अन्तराल स्पष्ट दिखाई देता है। लेकिन ममत्व किसी भी तरह के मूल्य परिवर्तन से परिचालित नहीं होता।

एक ही पीढ़ी का प्रतिनिधित्व करने वाली मंजु और दीपा में सोच का अन्तराल भी प्रच्छन्न नहीं, बल्कि स्पष्ट रूप से ही नज़र आता है। गौरव और मधु एक प्रेमी और प्रेमिका के रूप में दिखाई देते हैं। मधु का चरित्र एक पेण्डुलम की तरह से रेखांकित होता है, जिसे वह समझती तो है ही, उसे अभिव्यक्त भी करती है। इस तरह से तीन आयाम तो स्पष्ट ही हैं। उधर सुरेश की सोच उसे एक अलग ही धरातल पर खड़ा कर देती है।

आप अपने आसपास ही देखिए। जितने लोग, उतने ही चरित्र। सब अपने-आप में एक-दूसरे से कुछ अलग लेकिन सामाजिक दृष्टि से सब एक-दूसरे से जुड़े हुए। यह नाटक भी एक तरह से मनुष्यों को समझने की कोशिश ही करता है। यह बात अपने-आप में एक दिलचस्प तो है ही, विचारयोग्य भी है। इस तरह अलग-अलग होते हुए भी मनुष्य को समझने और साथ-साथ जीने की समझ भी पैदा करता है।

इसका मंचन पहली बार कोलकाता में हुआ। गौरी देवल के निर्देशन में। एक घण्टे की प्रस्तुति और पता ही नहीं चला कि एक घण्टा कब बीत गया। दर्शकों ने इसे पसन्द किया, मेरे तथा अभिनेताओं के लिए यह सुखकारी बात थी।

नाटक में 'बेटा' कविता का इस्तेमाल किया गया है। नाटक की स्थिति के अनुरूप मुझे यही कविता उपयुक्त लगी। यह कविता शशि सहगल की है।

प्रताप सहगल

इस नाटक का प्रथम मंचन यूनीकार्न एक्टर्स स्टुडियो द्वारा जश्न-ए-अज़हर नाट्योत्स्व में ज्ञान मंच, प्रिटोरिया स्ट्रीट, कोलकाता में 2 मार्च, 2025 को हुआ।

मंच पर		**पात्र**
मंजु	:	गौरी देवल
गौरव :		सहज हरजाई
सुरेश	:	ऊनीष प्रताप
मधुर	:	कृतार्थ सिंह
दीपा/मधु	:	इवा
मंच परे		
प्रकाश-व्यवस्था : प्रखर		
ध्वनि-संयोजन	:	आदित्य सिन्हा
प्रोजेक्शन	:	इक़बाल सिंह

निर्देशन

गौरी देवल

(इस नाटक की मंच-व्यवस्था। सेंटर स्टेज एक उच्च मध्यवर्गीय घर। सोफ़ा, दो-तीन कुर्सियाँ, फ़ोन, शेल्फ़ में कुछ किताबें आदि। फ़ोन, टेबल लैम्प आदि।)

(प्रकाश फैलते ही मंजु अन्यमनस्क-सी इधर-उधर घूमती हुई दिखाई देती है। पार्श्व में रह-रहकर बिजली कड़क रही है। बरसात और तूफ़ान। मंजु के हाथ में मोबाइल फ़ोन है। वह बार-बार फ़ोन मिला रही है लेकिन दूसरी ओर से आती आवाज़–इसकी सभी लाइनें व्यस्त हैं। फिर मिलाती है–(आवाज़) जिससे आप बात करना चाहते हैं, वे अन्य कॉल पर व्यस्त हैं। (दूसरी बार) यह फ़ोन कवरेज क्षेत्र से बाहर है या स्विच आफ़ है।)

मंजु : *(सिर पकड़कर बैठ जाती है। क्षण भर बाद ही फिर फ़ोन मिलाती है। मंच के एक सिरे पर प्रकाश-वृत्त में सुरेश खड़ा दिखाई देता है। वह फ़ोन उठाता है।)*

सुरेश : हलो, मंजु, कैसी हो?

मंजु : परेशान।

सुरेश : क्या हुआ?

मंजु : आज सुबह से गौरव गया हुआ है, अभी तक नहीं लौटा, मौसम इतना ख़राब है कि...

(फ़ोन कट जाता है। मंजु और सुरेश दोनों एक-दूसरे को फ़ोन मिलाने लगते हैं और दोनों का ही फ़ोन व्यस्त मिलता है। सुरेश फ़ोन की ओर देखता है कि क्षण भर बाद ही घण्टी फिर बजती है।)

सुरेश : यह टेलीकाम कम्पनियाँ भी न, बस पैसे दे दो, सर्विस का कुछ ध्यान नहीं।

मंजु : हाँ, समझ नहीं आ रहा, क्या करूँ। उसका फ़ोन मिल ही नहीं रहा। कहाँ से पता लगाऊँ?

सुरेश : गया कहाँ है?

मंजु : कहीं दूर गया है, शायद किसी फ़ार्महाउस में...जब से उसने यूनिवर्सिटी में टॉप किया है, बस तब से ही पार्टियाँ, पार्टियाँ, पार्टियाँ।

सुरेश : रिलैक्स...वेट फ़ॉर सम टाइम।

मंजु : मेरा तो जी घबरा रहा है...तुम आ सकते हो?

सुरेश : आता हूँ। *(कहकर फ़ोन काट देता है। प्रकाश-वृत्त ग़ायब, सुरेश दृश्य से बाहर।)*

(मंजु अस्त-व्यस्त सी इधर-उधर घूम रही है। एक आरामकुर्सी पर बैठ जाती है।)

मंजु : *(स्वगत)* ओह, इतना डरावना तूफ़ान, बारिश *(तेज़ तूफ़ान और बारिश की आवाज़ें सुनाई देती रहती हैं।)* और उसका कुछ पता नहीं कहाँ है...ऐसी ही थी वह रात, बिजली रह-रहकर कौंध रही थी... तेज़ मूसलाधार बारिश...कितनी मनहूस थी वह रात! *(बिजली की कड़क और बादलों की गर्जन और भी तेज़ हो जाती है। प्रकाश मंजु पर केन्द्रित हो जाता है। पूरे संवादों के साथ बिजली की चमकार के साथ ही बादलों की गरज सुनाई देती रहती है। वह अपने अतीत में... फ़्लैशबैक)*

(मंजु और मधुर एक कार में चले आ रहे हैं। मधुर ड्राइव कर रहा है।)

मंजु : मधुर!

मधुर : बात करने की फ़ुरसत नहीं है।

मंजु : कहीं रुक जायें?

मधुर : हम भले ही रुक जायें, बारिश थमने वाली नहीं है।

मंजु : ड्राइव करने में दिक़्क़त हो रही है न!

मधुर : नहीं-नहीं, बस वाइपर ज़रा ठीक से काम नहीं कर रहा।

मंजु : मैंने कहा भी था, सुरेश को साथ ले लेते हैं। थोड़ी देर तुम ड्राइव कर लेते, थोड़ी देर वह।

मधुर : ड्राइव तो तुम भी कर सकती हो लेकिन ऐसे मौसम में और ऊपर से वाइपर...गौरव सो गया?

मंजु : हाँ, देखना, सँभल के। *(तेज़ ब्रेक लगाता है)* मुझे डर लग रहा है मधुर, थोड़ी देर रुक जाते हैं।

मधुर : डोंट बी सिली, थोड़ी देर में पानी इतना हो जायेगा कि गाड़ी में बैठना भी मुश्किल होगा...चले चलो, चले चलो...पार्टी कैसी रही?

मंजु : वो तो ठीक थी, यह कॉन्ट्रेक्ट तुम्हें मिल जायेगा?

मधुर : मुझे नहीं, मेरी फ़र्म को, आख़िर गुडविल भी कोई चीज़ होती है।

मंजु : कॉन्ट्रेक्ट थोड़ा बड़ा है न!

मधुर : पूरे आठ सौ करोड़...मिल गया तो अगली प्रमोशन पक्की।

मंजु : मिस्टर मुखर्जी आदमी तो अच्छे लगे।

मधुर : एकदम ईमानदार।

मधु : क्या, क्या, ईमानदार...मज़ाक़ कर रहे हो न।

मधुर : नहीं, सच में, इसीलिए वे मुझे पसन्द करते हैं।

मधु : आज ईमानदारी की बात मज़ाक़ लगती है न।

मधुर : है, लेकिन कहीं कुछ तो बचा हुआ है।

मंजु : बारिश थमती नज़र आ रही है।

मधुर : हाय, हाय जानेमन, बारिश तो थम रही है, अन्दर का तूफ़ान कब थमेगा?

मंजु : घर चलकर। *(दोनों हँसते हैं कि मंजु यक-ब-यक चीख़ उठती है।)* मधुर! ट्रक...ध्यान...*(इन शब्दों के साथ ही ट्रक और कार टकरा जाते हैं...और एक चीख़ के साथ ही मंजु वर्तमान में लौट आती है।)* नहीं...नहीं...नहीं, यह नहीं हो सकता, ऐसा ख़याल भी मेरे मन में क्यों आया। *(हाँफती हुई-सी फिर मोबाइल पर नम्बर मिलाने लगती है।)* हलो, मैं मंजु...

दूसरी ओर से : दरवाज़ा खोलो।

मंजु : आयी। *(कहकर दरवाज़ा खोलती है। सुरेश का प्रवेश।)*

सुरेश : इतनी घबराहट, क्या हुआ?

मंजु : डर, वहम, अतीत।

सुरेश : रिलैक्स, अभी जाता हूँ पता लगाने, कितने दोस्त थे?

मंजु : नहीं मालूम, गुरुग्राम में किसी फ़ार्महाउस में गया है। गौरव ठीक से कुछ बताता भी तो नहीं।

(सुरेश जग में से पानी डालकर मंजु को देता है।)

सुरेश : फ़ार्महाउस का कुछ नाम तो होगा।

मंजु : फ़ोन पर ही किसी दोस्त को बेरी फ़ार्म बता रहा था।

सुरेश : यहाँ से बहुत दूर है बेरी फ़ार्म...एक घूँट पानी पी लो। *(मंजु पानी पीती है। सुरेश अपने मोबाइल पर ही फ़ार्महाउस का नाम खोजकर फ़ोन मिलाता है।)* हलो, हलो, बेरी फ़ार्म...?

उधर से : यस...।

सुरेश : आज कोई पार्टी थी कुछ लड़कों की...हाँ, हाँ, दिल्ली से ही थे।

उधर से : उन्हें फ़ार्महाउस छोड़े दो घण्टा हो चुके हैं। ऑल वेल...?

सुरेश : यस, यस, थैंक्स, *(फ़ोन रख देता है। मंजु से)* ऐसे ही घबरा रही हो। आता ही होगा।

मंजु : मुझे रह-रहकर वो मनहूस रात याद आ रही है सुरेश, मधुर बार-बार याद आ रहे हैं।

सुरेश : ऐसा वहम मन में क्यों पालती हो। जवान लड़का है, थोड़ी मौज-मस्ती में उलझा होगा, आता ही होगा...

मंजु : मुझे वो रात याद आ रही है, वो एक्सीडेंट...

सुरेश : था, पर इसका मतलब यह नहीं कि हर ऐसी स्थिति में दुर्घटना ही होती है...यह तुम्हारा फियर साइकोसिस है और कुछ नहीं।

मंजु : शायद...लेकिन दूध का जला छाछ फूँक-फूँककर पीता है। *(तभी नेपथ्य से गाड़ी रुकने की आवाज़ आती है और हाय-बाय एवरीबाडी के साथ ही गौरव का प्रवेश।)*

गौरव : ओ मम्मी, हलो अंकल, आप भी बारिश में फँसे हैं?

सुरेश : सँभालिए अपने लाडले को, चलता हूँ।

मंजु : चाय पीते हैं न।

सुरेश : नहीं, फिर कभी।

गौरव : व्हाट्स रॉन्ग विद यू, मॉम!

मंजु : भीगा तो नहीं।

गौरव : मॉम! गाड़ी में आया हूँ।

सुरेश : बारिश कम हुई है, चलता हूँ।

मंजु : चाय?

सुरेश : बहुत ज़रूरी काम छोड़कर आया हूँ, फिर कभी।

मंजु : सॉरी, सुरेश!

गौरव : यस दैट्स इट! बाय! *(सुरेश चला जाता है)*

गौरव : अंकल को तुमने बुलाया था?

मंजु : हाँ।

गौरव : क्यों?

मंजु : क्या करती, मन घबरा रहा था...तू नहीं जानता बेटा, तेरे पापा का एक्सीडेंट भी ऐसी ही स्याह रात में हुआ था। तू बहुत छोटा था, पीछे वाली सीट पर सो रहा था, हम बच गये लेकिन लाख कोशिशों के बावजूद। *(गला भर आता है।)*

गौरव : पर इसका मतलब यह तो नहीं कि मैं घर बैठ जाऊँ।

मंजु : जो भी हो, मान लो तो मेरी ममता है, न मानो तो फियर साइकोसिस कह सकते हो...*(पॉज़ के बाद गौरव की पीठ पर हाथ फेरते हुए)* तुम ही तो मेरे लिए सब कुछ...

गौरव : मुझे अपनी ज़िन्दगी भी जीनी है, मॉम!

मंजु : मुझे सिर्फ़ तुम्हारे लिए जीना है। तू नहीं जानता कितने जतन से मैंने तुझे शिक्षा के संस्कार दिये हैं।

गौरव : यू आर गैटिंग टू सेंटिमेंटल, ममा! शुड आई सिट ऑल दि टाइम एट होम?

मंजु : ग़लत मत समझो, जियो, जियो अपनी ज़िन्दगी लेकिन ऐसी स्याह और डरावनी रात को घर पर ही रहा करो।

गौरव : *(कुछ समझ नहीं आता कि क्या जवाब दे)* ओके, शैल ट्राई!

मंजु : खाना?

गौरव : खा चुका...तुम?

मंजु : थोड़ा-सा मेरे साथ।

गौरव : ओके, थोड़ा सा मैं भी, वरना फिर कहोगी माँ का ध्यान नहीं।

मंजु : तुम्हारी पसन्द की सब्ज़ी बनी है...हाँ, यह तुम्हारी चिट्ठियाँ *(तीन चिट्ठियाँ देती हैं)* किसकी हैं?

गौरव : *(एक-एक करके खोलता है)* यह तो श्रीनगर से बुआ की है...और यह मेरे दोस्त की और यह...व्हाट, वंडरफ़ुल, एक्साइटिंग, डन!

मंजु : क्या हुआ?

गौरव : ग्रांटेड! स्कॉलरशिप!

मंजु : वंडरफ़ुल, कहाँ से?

(मंजु गौरव के पास ही आ जाती है और गौरव के हाथ में पकड़ी चिट्ठी देखकर) वेरी गुड, कैलिफ़ोर्निया से, देख ले, घबराहट में मैंने चिट्ठियाँ तक नहीं खोलीं।

गौरव : *(माँ को हग करते हुए)* राइट! योर ग्रेट सन, ग्रेट सन ऑफ़ अ ग्रेट मदर!

मंजु : मेहनत, लगन, टैलेंट, इसी का नतीजा है यह, पर तूने एप्लाई कब किया था?

गौरव : ऐसे ही कर दिया था बेमन से, पर यह तो फ़्लूक हो गया...पूरे पाँच साल जुटकर रिसर्च कर सकता हूँ...आर यू हैप्पी, मम्मी?

(मंजु के चेहरे पर ख़ुशी और आशंका के मिले-जुले भाव)

मंजु : बहुत, चल खाना खा ले...*(खाना लाती है। गौरव खाने लगता है)* सब्ज़ी अच्छी बनी है न!

गौरव : बहुत। आनन्दम।

मंजु : तो तू जा रहा है?

गौरव : व्हाट डू यू मीन बाई जा रहा है? जाना ही है। कल ही तत्काल पासपोर्ट के लिए एप्लाई कर देता हूँ। दो महीने का वक़्त दिया है, सब हो जायेगा।

मंजु : सिर्फ़ दो महीने!

गौरव : दो महीने, लॉन्ग पीरियड, एनी वे।

मंजु : और मधु?

गौरव : दोस्ती है, नथिंग एल्स!

मंजु : *(हैरत से)* सिर्फ़ दोस्ती! क्या कह रहा है तू।

गौरव : यस, आप लोग हो गये हो पुराने, दक़ियानूसी, तिल का ताड़ और राई का पहाड़—बस चुटकी में।

मंजु : सिर्फ़ दोस्ती है?

गौरव : दैट टू वैरी कैजुअल।

मंजु : दो दिन पहले मधु मिली थी मुझे, वो सीरियस है।

गौरव : रियली, दैट्स अ न्यूज़ फ़ॉर मी।

मंजु : चपाती लेगा?

गौरव : नो, तुम लो, आई एम डन।

मंजु : मेरी मान, एक बार मिलकर उसे सब बता दे।

गौरव : ओके, गुड नाइट, मॉम, गोइंग टू स्टडी।

मंजु : (मिले-जुले भाव) गुड नाइट!

दृश्य दो

(मधु और गौरव किसी पंच सितारा होटल की कॉफ़ी शाप में बैठे हैं। उनके सामने अपनी-अपनी कॉफ़ी और बिस्कुट का एक प्लेट है।)

मधु : यह तो होता ही है। पीढ़ियों के बीच सोच का अन्तराल। देखा जाये तो मम्मी का सोचना भी ग़लत नहीं है।

गौरव : यह सही है और यह ग़लत है, आख़िर इसका फ़ैसला हम कैसे करते हैं?

मधु : समय, स्थान, व्यक्ति और उसका परिवेश...सब कुछ।

गौरव : यानी सही और ग़लत भी समय, स्थिति, व्यक्ति और उसके परिवेश सापेक्ष हैं।

मधु : आज तो बड़े भारी-भरकम कांस्पचुअल शब्द इस्तेमाल कर रहे हो, देखा जाये तो इस तरह सोचना स्व-सापेक्ष है।

गौरव : स्व...यानी मैं, मेरा, मुझे और मेरे लिए...

मधु : हाँ, लेकिन एक बात सोचती हूँ, गौरव कि हम जब यह सोचते हैं तो समाज को अपनी सोच से दूर कर देते हैं।

गौरव : ऐसा नहीं है, समाज भी रहता है हमारे मन में लेकिन यहाँ समाज और व्यक्ति में कोई द्वन्द्व नहीं है।

मधु : यह जो फ़िलॉसफ़ी है न, सच कहूँ तो दूसरों के लिए होती है, जब बात अपने पर आती है तो सबसे पहले हमारा स्वार्थ ही हावी हो जाता है।

गौरव : शिट! यहाँ मेरा क्या स्वार्थ है?

मधु : दरअसल मम्मी से फ़ोन पर मेरी लम्बी बात हुई थी।

गौरव : परसों ही?

मधु : हाँ, तुम्हें कैसे पता?

गौरव : तुमने बताया नहीं, मॉम ने बता दिया।

मधु : डोंट बी सिल्ली, इसीलिए तो तुम्हें काफ़ी के लिए बुलाया है। मुझे कोई एतराज़ नहीं तुम्हारे जाने में।

गौरव : मैंने तुमसे एतराज़ और स्वीकार की बात कब की? बात तो मम्मी की है।

मधु : मम्मी की दुनिया तुमसे शुरू होकर तुम पर ही ख़त्म हो जाती है। बिना तुम्हारे उन्होंने अपनी ज़िन्दगी की कल्पना करना भी छोड़ दिया है।

गौरव : यानी, स्कॉलरशिप मना कर दूँ।

मधु : नहीं, इसी तरह के विकल्प यहाँ भी मिल सकते हैं।

गौरव : तुम भी न बिलकुल माँ की तरह बोल रही हो। इतना आसान नहीं होता सब। *(पाज़)* मुझे तो लगता है कि माँ का सहारा लेकर तुम अपनी बात कर रही हो।

मधु : वेट, वेट...डोंट बी जजमेंटल ऐंड डोंट जंप ऑन कंकलूज़न्स।

गौरव : तुम्हारी बातें...

मधु : मैंने अपनी बात अभी ख़त्म नहीं की। तुमने मम्मी से कहा कि मेरा और तुम्हारा रिश्ता बहुत कैज़ुअल है। हाँ कि ना?

गौरव : हाँ, तो?

मधु : इतने कैज़ुअल रिश्ते से ही मैं तुम्हारे साथ बिस्तर में सोने चली आयी।

गौरव : कौन सी बड़ी बात है।

मधु : मुझे यह एहसास हुआ था उस दिन कि हम दोनों जैसे एक-दूसरे के लिए ही बने हैं। हंड्रेड परसेंट कम्पैटिबल...तुम्हें क्या लगा था?

गौरव : तुम ग़लत नहीं हो लेकिन मैं रुक नहीं सकता। ऐसा चांस कितने लोगों को मिलता है?

मधु : मैं तुम्हें रोक भी नहीं रही। सिर्फ़ अपने और तुम्हारे दिमाग़ के जाले साफ़ करना चाहती हूँ।

गौरव : और कुछ?

मधु : मैंने बहुत सोचा और पाया कि तुम्हारी मॉम एकदम ट्रेडिशनल वुमैन हैं, तुम एकदम अल्ट्रा माडर्न...।

गौरव : और तुम?

मधु : आई एम मिक्स ऑफ़ बोथ। तुम अपने मक़सद के लिए कुछ भी करने के लिए एकदम साफ़, मम्मी अपनी सोच में साफ़ और मैं हूँ एक पेंडुलम...यही है मेरी, तुम्हारी और मम्मी की सोच के बीच का अन्तराल...!

गौरव : ग्रेट...कितना साफ़-साफ़ देख सकती हो न तुम...यह जो तुमने कम्पैटीबिलिटी की बात की, वो सच है लेकिन वो सब करने से पहले हमने एक-दूसरे से ऐसा कुछ कमिट तो नहीं किया था कि बस अब हम सारी ज़िन्दगी साथ ही बितायेंगे और वो भी एक पति-पत्नी की तरह।

मधु : बहुत सारी बातें हैं जो जीवन में कही नहीं जाती लेकिन हम उस अनकही को भी समझ लेते हैं। मुझे लगा था कि तुमने समझ लिया था। लेकिन नहीं, अपनी तरफ़ से मैं तुम्हें मुक्त करती हूँ...जाओ, जाओ, जाओ, न जाओ, न जाओ, लौटकर आओ, आओ, न आओ, न आओ।

गौरव : तुम तो एकदम सीरियस हो गयी। *(पाज़) (गौरव इधर-उधर देखने लगता है और मधु का हाथ अपने हाथ में ले लेता है।)* तुम्हें समझने में मुझसे ही कुछ भूल हो गयी थी। नाउ आई कमिट टू यू...बट यू विल हैव टू वेट।

मधु : सीरियसली?

गौरव : यस।

मधु : सोच का अन्तराल?

गौरव : वो तो रहेगा लेकिन क्राइसिस होता है तो उसका कोई न कोई रिज़ोल्यूशन भी ज़रूर होता है। वी हैव रिज़ाल्वड नोइंग दैट नो रिज़ोल्यूशन इज़ फ़ाइनल फ़ॉर एवर।

मधु : दैट्स टू। इसीलिए आयी डू कमिट...बट कहा न, मैं पेंडुलम हूँ।

गौरव : पेंडुलम! मीन्स?

मधु : पेंडुलम मीन्स पेंडुलम।

(फ़ेड आउट)

दृश्य तीन

(मंजु अपने घर में सोफ़े पर बैठी कोई पत्रिका पढ़ रही है। कॉल बेल बजती है। मैगज़ीन बन्द करके दरवाज़ा खोलने का उपक्रम। मंजु की हमउम्र दोस्त दीपा उसके सामने है। दीपा के हाथ में एक छोटा-सा बैग है।)

मंजु : *(उत्साह और ख़ुशी से)* दीपा!
(दीपा का प्रवेश। दोनों गले मिलती हैं)

दीपा : मंजु की बच्ची, दाल-दाल कच्ची।

मंजु : दीपा पास आ ना, ख़सम तेरा काना। एकदम बीस साल पहले जैसी, फ़िट...

दीपा : तू भी वैसी ही है, इमोशनल, अब छोड़ भी या मेरा कचूमर निकालकर ही छोड़ेगी। *(मंजु दीपा को अपनी गिरफ़्त से मुक्त करती है।)*

मंजु : आ, बैठ।

दीपा : शुक्र है, बैठने को तो कहा।

मंजु : सामान कहाँ है तेरा?

दीपा : तेरे घर आने के लिए सामान लाना पड़ेगा?

मंजु : ओ नो, इस बैग में क्या है?

दीपा : दो साड़ियाँ हैं तेरे लिए, यह सूट गौरव के लिए *(बैग खोलकर मंजु को कपड़े पकड़ाते हुए)* पसन्द हैं न!

मंजु : बहुत, पर यह सब...?

दीपा : बुरा मान या भला, मुझे कई दिन रहना है तेरे साथ, तू ठीक से रखे, सो रिश्वत पहले ही दे दी।

मंजु : हट!

दीपा : भई, यह हमारे उनका उसूल है।

मंजु : मेरे साथ भी ऐसी बात!

दीपा : चलो, बुलाओ पड़ोसी को, उससे बात कर लेते हैं।
(दोनों हँसने लगती हैं।)

मंजु : हाथ-मुँह धो ले, नहाना है तो नहा ले, फिर बैठकर गप्प लगायेंगे।

दीपा : ठीक है, गौरव नज़र नहीं आ रहा।

मंजु : आजकल बाहर जाने के चक्कर में इधर-उधर घूम रहा है।

दीपा : क्या कहती हो, जहाँ कहो, भिजवा दूँ, मेरे वो भी कोई छोटी-मोटी गन नहीं, तोप हैं, तोप!

मंजु : जानती हूँ...तेरे ख़याल से भी उसे बाहर चले जाना चाहिए।

दीपा : हर्ज क्या है?

मंजु : मुझे यहीं छोड़कर...अकेली, मैं किसके लिए जिऊँगी, रोऊँगी तो किसके साथ, हँसूगी तो किसके साथ।

दीपा : हूँ, प्राब्लम ऑफ़ एलिएनेशन।

मंजु : ऐलिएनेशन नहीं, जुड़ने की बात कर रही हूँ।

दीपा : वो भी सिर्फ़ अपने बेटे के साथ, अच्छा, वो जा किसलिए रहा है?

मंजु : स्कॉलरशिप मिली है उसे, कैलिफ़ोर्निया यूनिवर्सिटी से।

दीपा : ग्रेट, तुम्हें तो ख़ुश होना चाहिए।

मंजु : ख़ुश तो हूँ।

दीपा : फिर प्रॉब्लम क्या है?

मंजु : वो जायेगा, ख़ुशी होगी...पर एक डर और आशंका, अकेलापन, ज़िन्दगी में एक ख़ालीपन का एहसास, न जाने कितनी बातें, कितने भाव एक साथ तैर जाते हैं *(पाज़)* ओह, मैंने तुझे आते ही बोर करना शुरू कर दिया न। चलो नहा लो, फिर बात करते हैं।

दीपा : मैं चेंज करके आती हूँ, ओके। *(दीपा दूसरे कमरे में चली जाती है। दूर से ही संवाद जारी रहता है।)*

मंजु : *(ज़ोर से)* चाय रख दूँ।

दीपा : हाँ, चीनी मत डालना, दूध कम, पत्ती तेज़।

मंजु : कहवा बना दूँ? आजकल जीजा जी कहाँ हैं?

दीपा : बताया न, तोप हैं तोप, बस उन्हें तो लोग ही नहीं छोड़ते।

मंजु : जो भी पहनना हो, वार्डरोब से ले ले।

दीपा : ले ले, तू समझती क्या है अपने आप को, तू नहीं कहेगी तो नहीं लूँगी।

मंजु : ग़लती हो गयी, माफ़ करो, चाय तैयार है।

(दीपा गाउन में आ जाती है और मंजु चाय लेकर। चाय पीते-पीते ही बातचीत जारी रहती है।)

मंजु : कुछ खा ले।

दीपा : पेटू है ख़ुद, दूसरों को भी समझती है वही...चल बता, क्या कह रही थी?

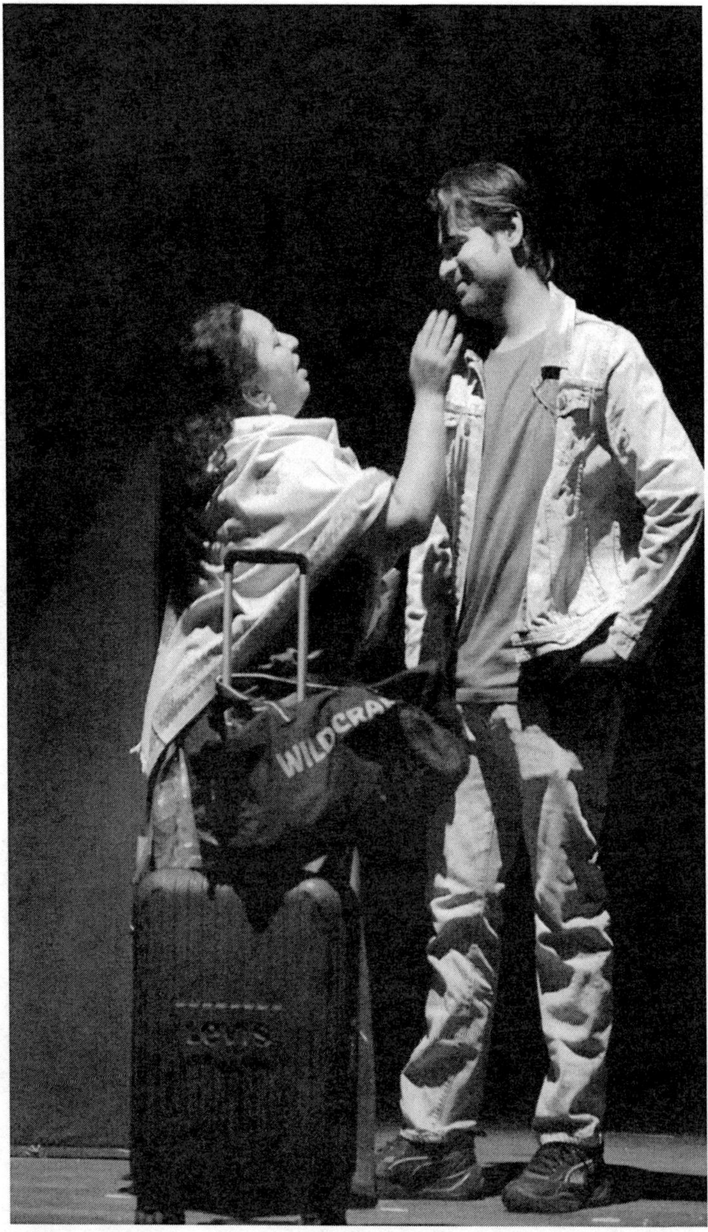

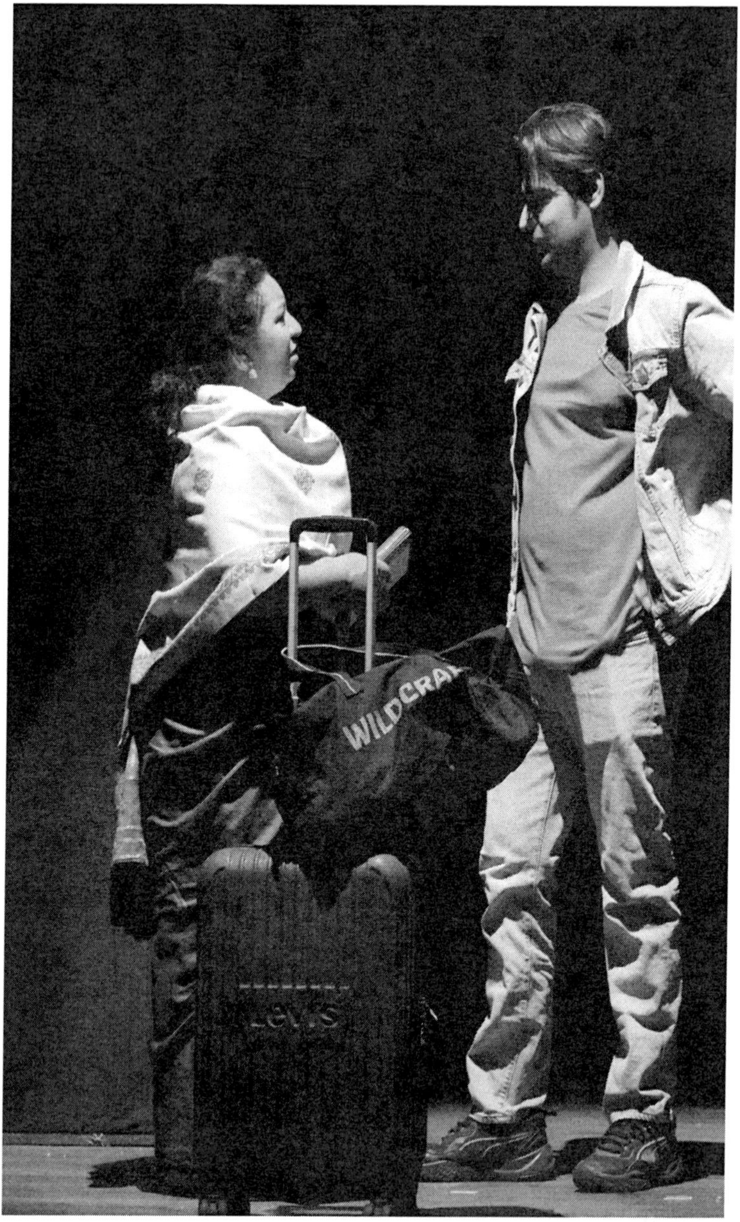

मंजु : बहुत अरसे बाद मिली हो दीपा, इस बीच जो हादसा हो चुका है, वो तो तुम्हें पता ही है...बस, अब लगता है कि ज़िन्दा हूँ तो सिर्फ़ गौरव के लिए।

दीपा : भ्रम, भ्रम और सिर्फ़ भ्रम। नथिंग एल्स। ज़िन्दा रहते हैं ख़ुद के लिए या फिर इसलिए कि हममें मरने की हिम्मत नहीं है।

मंजु : यह तुम्हारी फ़िलॉसफ़ी है!

दीपा : दिस इज़ अ नेक्ड ट्रुथ।

मंजु : मेरी बात का कोई मायने नहीं।

दीपा : तुम अपनी उलझन को ठीक से समझ नहीं पा रही।

मंजु : हो सकता है, तुम...!

दीपा : *(बात काटते हुए)* मेरी राय में तुम अपने अतीत को अच्छी तरह से टटोलो, वर्तमान को विश्लेषित करो और भविष्य के लिए आशंका मत पालो, दैट इज़ अ लाइफ़।

मंजु : तुम पूरी बात जानती ही नहीं, पहले मैं तुम्हारे सामने अपनी समस्या रखती हूँ, तब तुम कुछ बताओ। *(ख़ामोशी)*

दीपा : बोलो भी।

मंजु : पता नहीं जैसा मैं सोच रही हूँ, वैसा सोचना चाहिए या नहीं *(पॉज़)* बात यह है कि ऐसा ही मौक़ा मेरे सामने भी आया था, तब गौरव बहुत छोटा था, मधुर भी तेज़ी से आगे बढ़ रहे थे। उन्हीं दिनों...। *(प्रकाश मन्द, दीपा चली जाती है। फ़्लैश बैक। मंजु है और मधुर उसके पास आकर बैठ जाता है।)*

मधुर : दिस इज़ रियली वंडरफ़ुल!

मंजु : क्या वंडरफ़ुल, जब चाहती थी कुछ भी काम मिले तो कुछ नहीं, अब जब नौकरी पक्की हो गयी है तो स्कॉलरशिप भी।

मधुर : अच्छा है न! स्कॉलरशिप है तो एडवांस रिसर्च करनी ही पड़ेगी, डाक्टर मंजु!

मंजु : यस।

मधुर : और करियर में फ़ायदा?

मंजु : यस, फ़ौरन एसोसिएट प्रोफ़ेसर और फिर प्रोफ़ेसर, चार-छह साल बात हेड भी हो सकती हूँ।

मधुर : तब तो तुम्हें ज़रूर जाना चाहिए।

मंजु : गौरव को छोड़कर।

मधुर : आया रख लूँगा, क्रैच में डाल दूँगा, सब हो जायेगा, थोड़ा बड़ा होगा तो हॉस्टल भेज दूँगा...यू मस्ट गो।

मंजु : बहुत छोटा है गौरव, ऐसे में उसे छोड़कर जाना उसके साथ अन्याय है।

मधुर : बच्चे पल जाते हैं, तुम्हारे सामने करियर है।

(बच्चे के रोने की आवाज़ आती है। वह गौरव को गोद में उठाकर ले आती है और उसे अपना दूध पिलाने लगती है।)

मधुर : अरे दो साल का होने वाला है, अब तो अपना दूध छुड़वा दो।

मंजु : जब तक मुझे उतर रहा है, पिलाऊँगी।

मधुर : अपनी फ़िगर...।

मंजु : हेल विद इट, आई एम नाट गोइंग।

मधुर : व्हाट अ वेस्ट ऑफ़ टैलेंट! यू आर जस्ट अ ट्रेडिशनल मदर।

मंजु : जो भी कहो *(बच्चे को चूमती है)* करियर के लिए मैं बच्चे को छोड़कर नहीं जा सकती।

मधुर : उसकी सुरक्षा और पालन की गारंटी मैं हूँ।

मंजु : जानती हूँ लेकिन मेरा मन नहीं मानता।

मधुर : तुम्हारी मरज़ी, लेकिन मेरी एक बात याद रखना मंजु, जिस बच्चे के लिए तुम अपना करियर क़ुर्बान कर रही हो न, वह कल बड़ा होकर तुम्हारे सुखों, हितों और भावनाओं की इतनी चिन्ता नहीं करेगा।

मंजु : तब का तब देखा जायेगा।

मधुर : *(हारकर)* ठीक है, दिस इज़ योर ओन डिसीज़न।

मंजु : यस, चल बेटा, नहाई, नहाई करते हैं।

(पूर्व-दीप्ति समाप्त। मधुर चला जाता है और दीपा लौट आती है। दृश्य पूर्ववत्)

मंजु : इसके ठीक दो साल बाद वह दुर्घटना हुई, मधुर नहीं रहे...मैं ही गौरव का पिता बनी, उसे अच्छे से अच्छे संस्कार दिये, उसकी परवरिश के चक्कर में मैं आज तक अपनी एडवांस रिसर्च पूरी नहीं कर सकी, कहाँ हो सकती थी हेड, बस अब एक एसोसिएट प्रोफ़ेसर पर ही टिकी हुई हूँ...व्हाट फ़ॉर...?

दीपा : गौरव पढ़े, तरक़्क़ी करे, उसकी शादी हो, बच्चे हों...राइट, वही सब मिडिल क्लासीय सपने।

मंजु : मैं वही हूँ, देखा जाये तो यह मिडिल क्लास हम सबके अन्दर कहीं गहरे धँसा हुआ है। हम चाहकर बहुत कुछ वो नहीं कर पाते, जो हम करना तो चाहते हैं लेकिन कहीं कुछ अन्दर ऐसा पसरा हुआ है, जिसे जड़ से उखाड़ना कम से कम मेरे लिए तो मुमकिन नहीं है।

दीपा : इस सारे सीन में मुझे एक बात खटक रही है।

मंजु : वो क्या?

दीपा : तुम अपने बच्चे के साथ किये हुए का प्रतिदान माँग रही हो।

मंजु : नहीं।

दीपा : बस, यही तुम्हारी उलझन की वजह है, जो तुम कर रही हो, उसे मानने के लिए तैयार नहीं, बी क्लीयर इन योर माइंड।

मंजु : मैं मान ही नहीं सकती कि मैं अपने बच्चे की तरक़्क़ी में रुकावट बनूँ।

दीपा : यह तुम्हारी सोच की ऊपरी सतह है। ज़रा नीचे की सतह पर उतरो।

मंजु : मेरी सोच में एक बात यह भी है कि एक अन्तराल के बाद मूल्य बदल जाते हैं, क्या हर अन्तराल के बाद ऐसा ही होता है?

दीपा : व्हाट से सिली क्वेश्चन! होता ही है। देखो, जो हमारे माँ-बाप सोचते थे, हम नहीं। और जो हम सोचें, वैसा ही हमारे बच्चे भी सोचें, यह भी तो ज़रूरी नहीं। और अब तो बदलाव का टाइम स्पैन और भी कम हो गया है। हर पाँच साल में जेनरेशन बदल जाती है। तू पता नहीं कौन सी दुनिया में रहती है।

मंजु : बहुत वक़्त पहले एक कविता पढ़ी थी कहीं, उसके असली मायने आज समझ में आ रहे हैं। सुनाऊँ?

दीपा : सुनाओ।

मंजु : कविता का नाम ही है 'बेटा'।

कोख का सुख
लोक का सुख
परलोक का सम्भावित सुख
सभी कुछ पाया
जब बेटा जना मैंने
आशीषों की वर्षा से
भीग उठी मैं।
बीतता रहा समय

बदलते रहे कैलेंडर
और आज जब
बाप का जूता पहना है उसने
उद्विग्न-सी घूम रही हूँ मैं
ख़ुश होने के बजाय
सहम गयी हूँ, उसका बदलाव देखकर
क्यों अपरिचित हो गया है वह
किसने छीन ली है उसकी छुअन मुझसे
समय ने?
पूछती हूँ एक सवाल आपसे
बेटा बड़ा होकर
आदमी क्यों बन जाता है?

(पॉज़)

दीपा : हूँऽऽऽऽ पोइंट है। वेट, वेट, देयर इज़ अ सेकेंड थॉट। बेटा हो या बेटी, बच्चा है तो बड़ा तो होगा ही न। हम क्यों चाहते हैं कि वो हमेशा बच्चा ही बना रहे?

मंजु : मैं मंजु, एक व्यक्ति नहीं, एक माँ की बात कर रही हूँ।

दीपा : माँ भी तो एक व्यक्ति ही है।

मंजु : है लेकिन माँ बनते ही माँ का पर्सन कहीं विगलित होता जाता है।

दीपा : इट्स अ फ़ैलेसी!

मंजु : माँ नहीं बनी न।

दीपा : ताना तो मार मत, नहीं बनी तो नहीं बनी, मैं अपने हाल में बहुत ख़ुश हूँ।

मंजु : ताना नहीं दीपा, एक हक़ीक़त बता रही हूँ। तुम्हारे हाल पर मेरा कोई सवाल नहीं है, पर तुम भी तो मेरे हाल पर कोई सवाल न करो न।

दीपा : एग्रीड।

मंजु : चलो तुम्हारी ही बात ऊपर रखते हुए एक पल के लिए अपनी बात छोड़ भी दूँ तो मधु का ध्यान तो आना चाहिए।

दीपा : अब यह मधु कौन है?

मंजु : उसकी प्रेमिका।

दीपा : इसमें कौन सी बड़ी बात है।

मंजु : है, वे हमबिस्तर भी हो चुके हैं।

दीपा : ओवा एट्रेक्स द स्पर्म...दैट्स सो सिम्पल...तू यह भी जानती है कि नहीं?

मंजु : और कमिटमेंट।

दीपा : मुझे नहीं पता कि उनकी कमिटमेंट्स क्या हैं, यह सब उन पर ही छोड़ दो न।

मंजु : मधु मुझे मिली थी, परेशान थी...वह भी मेरी तरह से ही सोचती है। यह सब जानने के बाद डर और संशय में फँसी हुई हूँ।

दीपा : बात इतनी ही है या कुछ और भी...?

मंजु : बहुत सालों बाद मिली हो दीपा, मुझे नहीं पता है कि इस बात का अब कुछ रेलेवेंस है या नहीं लेकिन जब बातें कर ही रहे हैं तो...!

दीपा : रेलेवेंस बाद में, पहले बात बताओ।

मंजु : एक्सीडेंट के बाद मधुर दस-बारह दिन तक ज़िन्दगी और मौत के बीच झूलते रहे, सुरेश ने हमारा बहुत साथ दिया, ख़ून भी दिया और एक दिन...

(फ़्लैशबैक)

(मंच के बायीं ओर एक बेड लगा हुआ है, उस पर क्षत-विक्षत मधुर लेटा हुआ है, ख़ून की बोतल चढ़ायी जा रही है। मंजु वहीं खड़ी है, सुरेश पास ही बैठा हुआ है)

मधुर : *(स्वर उखड़ा हुआ)* मंजू!

मंजु : बोलो।

मधुर : सुरेश...

सुरेश : क्या हुआ, मधुर? क्या हो रहा है?

मधुर : कुछ नहीं, मैं...मैं...मंजु, वक़्त आ गया लगता है।

सुरेश : भाभी, सँभालिए इसे, मैं डाक्टर को देखता हूँ।

मधुर : सुरेश, सुनो, मेरे बाद मंजु और गौरव का ध्यान रखना।

सुरेश : अच्छा, अच्छा, तुम ठीक हो जाओगे, मैं डाक्टर को बुलाकर लाता हूँ। *(चला जाता है)*

(फ़्लैशबैक समाप्त)

मंजु : थोड़ी ही देर में सुरेश डाक्टर को ले भी आया, यह मैसिव कार्डियक अरेस्ट था। डाक्टर ने बहुत कोशिश की, लेकिन कुछ नहीं हो सका। *(मंजु बहुत उदास हो जाती है)*

दीपा : लैट्स टॉक समथिंग एल्स।

मंजु : हाँ, वही बात...*(थोड़ा व्यवस्थित होते हुए)* मधुर के जाने के बाद सुरेश का घर में आना-जाना बहुत बढ़ गया, उसकी हमदर्दी-भरी बातें, उसका व्यवहार मुझे अच्छा लगता, गौरव ने स्कूल जाना शुरू कर दिया। एक दिन मैं घर में अकेली थी...

(फ़्लैशबैक शुरू)

(प्रकाश फैलता है तो सुरेश और मंजु आमने-सामने बैठे दिखाई देते हैं)

मंजु : क्या बात है सुरेश, जब से आये हो कुछ उखड़े-उखड़े-से लग रहे हो।

सुरेश : हाँ।

मंजु : हाँ, आगे...? एक कप कॉफ़ी बनाऊँ?

सुरेश : नहीं, तुम्हें मधुर की बात याद है न!

मंजु : कौन सी बात?

सुरेश : वही, जो उसने जाने से पहले तुम्हारे सामने मुझे कही थी।

मंजु : कहना क्या चाहते हो?

सुरेश : ग़लत मत समझना, मैं दुविधा में हूँ, अनिर्णय और निर्णय के बीच रहना कितना मुश्किल होता है, शायद तुम्हें समझ न आये।

मंजु : तुम्हारा इशारा मैं समझ रही हूँ।

सुरेश : मधुर अब नहीं है, यह एक कड़वी सच्चाई है...और यह भी कि उसने तुम्हारा और गौरव का ध्यान रखने की बात की थी।

मंजु : हाँ, तो? इसलिए तुम?

सुरेश : हाँ।

मंजु : क्या यह ज़रूरी है कि जो तुम समझ रहे हो, उसके इशारे का मतलब यही था?

सुरेश : मधुर और तुम्हारे सम्बन्ध मुझसे छिपे नहीं और वह एक दोस्त बल्कि कहूँ तो एक बड़े भाई की तरह से मुझसे भी बेहद प्यार करता था...और यह भी सच है कि इन सालों के अन्तराल ने तुम्हारी स्मृति, तुम्हारे दु:ख को धुँधलाया ज़रूर होगा और मंजु! इन दो सालों के बाद ही मुझमें यह कहने की हिम्मत आयी है कि मैं भी तुम्हें बेहद

चाहता हूँ, तुम्हें और तुम्हारी सारी ज़िम्मेदारियाँ मेरी होंगी, गौरव इज़ लाइक माई सन।

मंजु : उस समय और बाद में भी जो तुमने हमारे लिए किया, उसके लिए जितना भी शुक्रिया अदा करूँ, कम है लेकिन अपने एहसानों का बदला इस तरह से...

सुरेश : बदला नहीं, प्रस्ताव है...सामने लम्बी ज़िन्दगी है।

मंजु : कट जायेगी।

सुरेश : कट तो जायेगी लेकिन ज़िन्दगी काटना और ज़िन्दगी जीना, दो अलग-अलग बातें हैं। गौरव का भविष्य?

मंजु : सँवरेगा।

सुरेश : तुम्हारी अपनी ज़रूरतें?

मंजु : ख़ुद पूरी करूँगी।

सुरेश : देह की भी कोई माँग होती है!

मंजु : जीवन सिर्फ़ देह ही नहीं होता, देह से परे भी होता है जीवन, जो सम्बन्ध तुम साधना चाहते हो, केवल वही एक रास्ता नहीं है, हम दो अच्छे दोस्तों की हैसियत से भी एक-दूसरे से मिल सकते हैं। आज के बाद तुम इस बारे में मुझसे कोई बात नहीं करोगे।

सुरेश : केवल दोस्त! पता नहीं यह कितना मुमकिन है, कितना प्रैक्टिकल... तुम्हारा यही फ़ैसला है *(मंजु ख़ामोश है)* आख़िरी?

मंजु : हाँ, अब सिर्फ़ एक ही लक्ष्य है, गौरव का भविष्य! कोई रुकावट नहीं, कोई डाइग्रेशन नहीं।

सुरेश : ठीक है। मैं मुक्त हुआ अपने दोस्त के वचन से। वही होगा जो तुम्हें ठीक लगता है।

(फ्लैशबैक समाप्त। सुरेश दृश्य से बाहर हो जाता है, दीपा आ जाती है। प्रकाश धीमा, फिर तेज़)

मंजु : और इन तमाम सालों में सुरेश ने फिर कभी भी ऐसी चर्चा नहीं की। उसने शादी कर ली। तीन बच्चे हैं उसके...।

दीपा : यू आर अ बिग ऐस...फूल...यह तुम्हारे लिए एक सुनहरा मौक़ा था, जिसे तुमने अपनी सो कॉल्ड वैल्यूज़ के लिए गँवा दिया। क्या हर्ज था इसमें?

मंजु : तुम होती तो क्या करती।

दीपा : क्या करती, कूद जाती और यह मौक़ा हाथ से जाने नहीं देती। मुझे तो तुम एक उलझा हुआ बैकवर्ड-सा चरित्र लग रही हो, जिसे अपनी राह का पता ही नहीं। मुझे देख, मुझे...!

मंजु : क्या है तुझे!

दीपा : चल बता ही देती हूँ। अपने इन मिस्टर को तो राजनीति से वक़्त मिलता ही नहीं। मैं कहाँ जाऊँ? इस बीच एक इनसान आ गया मेरी ज़िन्दगी में।

मंजु : *(उत्सुक होते हुए)* व्हाट!

दीपा : व्हाट नहीं, शाट...पता नहीं वो मुझे क्यों पसन्द करने लगा और मुझे भी अच्छा लगता था लेकिन यह पता नहीं था कि एक दिन बात होते होते इतनी आगे बढ़ जायेगी कि...बस हो गया...बच्चा-वच्चा तो होता है नहीं, पता नहीं कहीं फ्लोपियन ट्यूब में ही कोई रुकावट है...और हो भी जाये तो क्या...कभी-कभी तो अपने मिस्टर भी आ जाते हैं मेरे पास। *(हँसने लगती है) (मंजु हैरान-सी उसे देखती रहती है)*

मंजु : तू तो ऐसी नहीं थी।

दीपा : ऐसी-वैसी कुछ नहीं, देह का सुख या तो कभी देखा ही न हो और जब एक बार देख लिया तो उस सुख की ज़रूरत तो होती है। नॉट लाइक दैट कि कहीं भी मुँह मारते फिरो लेकिन कोई सही पार्टनर मिल जाये तो इसमें बुरा क्या है? वक़्त के साथ बदलो या घर बैठकर रोते रहो। जैसे तू!

मंजु : यानी मेरा सोचना ग़लत था।

दीपा : ग़लत, बलंडर था बेवक़ूफ़। तुम्हारी ज़िन्दगी से मधुर हमेशा के लिए जा चुका था...सो सैड।

मंजु : पता नहीं, तब जो समझ में आया, किया। *(पॉज़)*

दीपा : गौरव को यह सब पता है?

मंजु : पता नहीं, शायद नहीं पता।

दीपा : उससे तू साफ़ बात क्यों नहीं करती?

मंजु : वह बाहर जाने की कल्पना से ही इतना एक्साइटिड है कि...बस उसकी ख़ुशी तोड़ना नहीं चाहती।

दीपा : यह नहीं चाहती, वो भी नहीं चाहती, तो फिर तू चाहती क्या है?

मंजु : चाहती हूँ, मधुर की तरह से वह भी अपना करियर यहीं बनाये... ब्रिलिएंट!

दीपा : बात तो तुझे करनी ही चाहिए। उसे बता तो सही।

मंजु : यही कि बेटा, मैंने तुम्हारे लिए यह किया, वो किया और तुम... नहीं उससे अपने किये का बदला नहीं लेना चाहती, न उसे उसकी नज़रों में छोटा करना चाहती हूँ, न ख़ुद को महान, बट ही शुड फ़ील हिमसेल्फ़।

(फ़ेड आउट)

चार दृश्य

(वही कमरा। कमरे में गौरव और मंजु)

गौरव : दीपा आंटी ने सब बता दिया है।

मंजु : सब?

गौरव : हाँ कि तुम्हें भी स्कॉलरशिप आफ़र हुई थी और तुमने उसे मेरी परवरिश की ख़ातिर छोड़ दिया था।

मंजु : *(दाँत पीसते हुए)* दीपा! और कुछ?

गौरव : नथिंग एल्स, पर मेरी स्कॉलरशिप के साथ बीस साल पहले मिली तुम्हारी स्कॉलरशिप को जोड़ने का मतलब क्या है...तुम नहीं गयी, दैट वाज़ योर आउटलुक, मैं जा रहा हूँ, दैट्स माई आउटलुक।

मंजु : मेरी नज़र से नहीं देख सकता?

गौरव : इम्पॉसिबल!

मंजु : मेरे सारे सपने तेरे बड़े होने के साथ जुड़े हुए हैं, बचपन से आज तक, बड़ा गौरव, और बड़ा गौरव।

गौरव : प्रिसाइज़ली, उसी के लिए जा रहा हूँ।

मंजु : कोई और होता यहाँ तो तुझे एक पल भी न रोकती।

गौरव : मॉम! आप ज़रूरत से ज़्यादा इमोशनल हो रही हैं।

मंजु : हो नहीं रही, मैं ऐसी ही हूँ, यह बात तू अच्छी तरह से जानता है। जब तू छोटा था, तब भी ऐसी ही थी और आज भी।

गौरव : मॉम, आपने अपने सपने मेरी वजह से पूरे नहीं किये, यह सच है लेकिन मैं भी वैसा ही करूँ, इससे तुम्हारे किये हुए फ़ैसलों पर क्या

फ़र्क़ पड़ेगा। मैंने एक बड़ा सपना देखा है मॉम कि कुछ ऐसा काम करूँ जिससे न सिर्फ़ तुम्हारा और पापा का नाम हो बल्कि अपने देश का भी नाम हो। देखो, गौरव ने कुछ अलग किया। मुझे अपनी ज़िन्दगी के मायने ख़ुद खोजने दो मॉम...प्लीज़।

मंजु : अपने ही देश में कोई कम अवसर नहीं हैं!

गौरव : अभी भी हम लोग बहुत पीछे हैं। जो काम मैं यहाँ दस साल में करूँगा, वही काम मैं वहाँ हो सकता है दो साल में कर लूँ। और अब तो टिकिट आ चुका है, वीज़ा भी लग चुका है।

मंजु : लौट सकता है सब, बार-बार कह रही हूँ कि अपने देश में भी बहुत अवसर हैं।

गौरव : लौटकर मुझे यहीं आना है...।

मंजु : जो एक बार गया, सो गया। अमेरिका से लौटकर आते मैंने किसी को देखा नहीं।

गौरव : मेरा करियर दाँव पर है, आपको भी वहीं बुला लूँगा।

मंजु : दीपा आंटी भी तुमसे बात करना चाहती थी।

गौरव : कैसी बात?

मंजु : यही कि यहाँ वह तुझे अच्छे से सेट कर सकती है...खैर तुमने जाने की ठान ही ली है तो रुकोगे नहीं, मधु से मिले?

गौरव : मिला था। सब नॉर्मल है।

मंजु : सब नॉर्मल?

गौरव : हाँ, सब नॉर्मल!

मंजु : मुझे लगता है वो भी वही कर रही है जो मैंने कभी किया था। वैसी ही सोच। वो अपने मन की बात मुझसे करती है, गौरव! सब नॉर्मल नहीं है। वह इमोशनली तुमसे जुड़ चकी है।

गौरव : दैन दिस वुड बी द टैस्ट फ़ॉर बोथ ऑफ़ अस। लेट हर वेट...फ्रॉम माई साइड शी इज़ आसो फ्री टू गो हर ओन वे...आप इतना स्पष्ट क्यों नहीं हो सकतीं?

मंजु : ओके, हर आदमी एक जैसा नहीं होता, खैर, फ़्लाइट कबकी है?

गौरव : अगले सोमवार।

पाँच दृश्य

(फ़ोन पर एक ओर गौरव और दूसरी ओर मधु)

मधु : सोमवार को मैं भी तुम्हारे साथ चलूँगी एअरपोर्ट।

गौरव : मॉम ने सख़्ती से मना किया है कि बस वही जायेंगी एअरपोर्ट...

मधु : तुम्हारी माँ तो तुम्हें लेकर बहुत पोसिसिव हैं, यार!

गौरव : है तो है, क्या करूँ...बहुत-सी बातों पर हमारी राय एकदम अलग-अलग है, इस मामले में भी, लेकिन इस बात पर वे भड़क जाती हैं कि कोई और भी एअरपोर्ट जायेगा। चाहो तो हम एक बार मिल सकते हैं।

मधु : मिल भी सकते हैं लेकिन कल तो तुम जा ही रहे हो तो मिलोगे कब। वैसे कल ही तो मिले थे...मम्मी की बात का आदर करती हूँ मैं, सो फ़ोन पर ही गुड बाय...पहुँचकर व्हाट्सएप पर वीडियो कॉल करना। मैं तो अपने भविष्य को लेकर बहुत डर रही हूँ, यार!

गौरव : धीरे-धीरे सब ठीक हो जायेगा। डोंट वरी।

मधु : *(स्वर में आशंका है)* लैट'स सी। बाय।

गौरव : बाय। *(दोनों ओर से फ़ोन बन्द)*

छह दृश्य

(एअरपोर्ट के बाहर एक गाड़ी रुकती है। गौरव और मंजु उतरते हैं। गाड़ी चली जाती है)

गौरव : मॉम! आप जाइए...बस बाय।

मंजु : मैं अन्दर तक साथ चलूँगी।

गौरव : नॉट पॉसिबल।

मंजु : मैंने इन्तज़ाम कर लिया है।

गौरव : ओ गॉड! आप भी न। चलिए। *(ट्रॉली पर सामान खींचते हुए एअरपोर्ट के अन्दर)*

यहाँ क्या करेंगी आप। इम्मीग्रेशन, बोर्डिंग पास, सिक्यूरिटी चेक।

मंजु : बहुत समय है अभी। थोड़ी देर कुछ बात करते हैं न।

गौरव : एक हफ़्ते से बात ही तो कर रहे हैं। और बात!

मंजु : कितने ही लोग तो तुझसे मिलने आते रहे...और तू भी एकदम चुप-सा रहता है।

गौरव : मैं चुप...हा...हा...अब चलूँ इम्मीग्रेशन।

मंजु : थोड़ी देर रुक। अपना ध्यान रखना।

गौरव : पूरे सौ बार कह चुकी हो यह बात।

मंजु : बहुत बड़ा हो गया है, अब नहीं कहूँगी, फ़ोन रोज़ करना और कभी मन करे तो चिट्ठी भी लिखना, मुझे बड़ा अच्छा लगता है चिट्ठी पढ़कर।

गौरव : ई-मेल है न। *(बाहर की ओर इशारा करते हुए)* आप चलो उधर और मैं चलता हूँ इधर।

मंजु : रुक ज़रा। *(उसके मुँह में कुछ मीठा डाल देती है।)*

गौरव : ओके मॉम! टेक केअर, लेट मी गो नाउ। *(बिना किसी जवाब के वह अपने सामान की ट्रॉली पकड़े इम्मीग्रेशन की ओर बढ़ जाता है।)*

मंजु : बाय! खुश रह।

(तभी पार्श्व से मधुर की आवाज़ सुनाई देती है–एक बात याद रखना, आज जिस बच्चे के लिए तुम अपना करियर क़ुर्बान कर रही हो न, कल बड़ा होकर वही तुम्हारे सुखों, हितों और भावनाओं की इतना चिन्ता नहीं करेगा।)

(प्रकाश मंजु पर केन्द्रित होता है। वह हवा में तैरती हुई मधुर के संवाद की आवाज़ सुनते-सुनते भारी क़दमों से एअरपोर्ट से बाहर की ओर चल देती है। हवाई जहाज़ों के टेक ऑफ और लैंड करने की आवाज़ें सुनाई देती रहती हैं।)

(मंजु रुककर आसमान में टेक आफ करते हुए हवाई जहाज़ की ओर देखती है। उसकी बन्द मुट्ठी आसमान की ओर है)

(क्षण भर बाद ही एक दूसरे प्रकाश-वृत्त में मधु खड़ी दिखाई देती है।)

(फ्रीज)

(पार्श्व से मधु की आवाज़ सुनाई देती है–एक बार तो कह देता, मॉम मैं नहीं जाऊँगा।)

(फ़ेड आउट)